QUÉ COMPRAN
LOS QUE TIENEN
DINERO

Dirección editorial: Marcela Luza
Edición: Gonzalo Marín y Tania Torres
Coordinación de diseño: Marianela Acuña
Diseño: Cecilia Aranda

© 2009 Gerardo Mendoza
© 2019 Vergara y Riba Editoras, S.A. de C.V
www.vreditoras.com

México: Dakota 274, Colonia Nápoles
C. P. 03810, Del. Benito Juárez, Ciudad de México
Tel./Fax: (5255) 5220-6620/6621 • 01800-543-4995
e-mail: editoras@vergarariba.com.mx

Argentina: San Martín 969, piso 10 (C1004AAS) Buenos Aires
Tel./Fax: (54-11) 5352-9444 y rotativas
e-mail: editorial@vreditoras.com

Primera edición: marzo 2019

ISBN: 978-607-8614-33-2

Impreso en México en Litográfica Ingramex, S. A. de C. V.
Centeno No. 162-1, Col. Granjas Esmeralda, C. P. 09810
Delegación Iztapalapa, Ciudad de México.

Gerardo Mendoza Peña

QUÉ COMPRAN LOS QUE TIENEN DINERO

La estrategia infalible para convertirte en
el mejor de los negociadores

V&R
EDITORAS

Índice

Prólogo a la segunda edición

Desde su primera publicación en el 2009, *Qué compran los que tienen dinero* ha logrado despertar el amor por las ventas, haciendo comprender a sus lectores que el dinero es la recompensa y la consecuencia de una extraordinaria labor que consiste, básicamente, en dominar y comprender muy bien las aplicaciones de lo que estamos vendiendo. Esa labor debe ser persistente y, además, debe estar apuntada hacia la conquista de la confianza de los prospectos. De esta manera, los transformaremos en clientes. Y así, una vez que hemos llegado a llamar clientes a nuestros prospectos, toca la tarea de fidelizar nuestra relación con ellos.

Los clientes son los que traen el dinero en sus carteras y las empresas depositan ese dinero en sus cuentas bancarias. Es decir, los clientes son los que deciden qué hacer con el dinero, dónde invertirlo, cómo gastarlo, cómo usarlo y a quién dárselo.

Cuando los vendedores nos transformamos en coaches comerciales y estamos cerca de los clientes, no solo para venderles, sino para acompañarlos en el crecimiento de su negocio y sus inversiones, podremos conocer sus necesidades y, de esta manera, asesorar mejor su compra, no nuestra venta: *su compra*.

Esto significa ayudarlos a invertir mejor su dinero con nosotros. A los clientes les gusta que los escuchemos, que los atendamos de manera oportuna y como a ellos les gusta ser tratados, no como a nosotros nos gusta que nos traten. En ventas, este es un error que veo reiterado de manera muy común.

A los clientes también les gusta que los aconsejemos desde nuestra experiencia técnica. Así, ellos optimizan tiempos, movimientos y hacen más productiva su empresa o negocio. Valoran mucho que, con nuestra ayuda, se sientan ganadores, tanto de trabajar con nosotros como individuos, como por la empresa que representamos.

En ventas, los que entendamos esto más rápido seremos los que, en muchos casos, podremos ganar su fidelidad, su amistad y el reconocimiento de seguir confiando en nuestra empresa, además de su recomendación, como consecuencia. De no ser así, estaremos destinados a seguir prospectando toda la vida. Consejos como este encontrarás en las páginas que siguen a continuación, junto con herramientas prácticas que, en mi experiencia, he logrado identificar que ayudan a los ejecutivos a tener mejores resultados y aumentar su rentabilidad comercial, partiendo de la base de que el peor error en ventas es tratar a todos los clientes por igual.

Durante los últimos 19 años y con más de 8000 estudiantes por año, en Formación Ejecutiva Empresarial, Escuela de Ventas, hemos descubierto que vender ya no solo es un tema de motivación, entusiasmo y alegría por contactar y vincular personas. Hoy, las ventas son método, sistema, estrategia y planeación por objetivos.

Los vendedores podremos conocer a muchas personas, tener en nuestros teléfonos miles de contactos y en nuestras redes sociales un sinnúmero de seguidores que interactúan con nosotros de manera constante, pero, a fin de mes, no tener dinero en nuestras cuentas bancarias por haberles dedicado tiempo a prospectos y clientes que, en lugar de darnos un negocio, tan solo nos dan trabajo.

Gracias a mis alumnos y lectores, en todos estos años he podido compartir claves, herramientas y habilidades que han ayudado a miles de ejecutivos, empresarios y asesores a descubrir, retener y potenciar la relación con sus clientes. Así, han logrado transformar su relación comercial pasando de vendedores a ser verdaderos asesores consultores de compras. La vigencia de *Qué compran los que tienen dinero* pasa principalmente porque las ventas ya dejaron de ser un *oficio* y se han transformado en una verdadera *profesión*. Esto es algo que pensé cuando publiqué este libro por primera vez y he reforzado con el paso del tiempo.

Debemos dejar de improvisar para ser más competitivos y estar a la vanguardia de un mundo moderno, cada vez más comunicado y cambiante. Lo que no hagas por tus clientes, alguien más lo hará por ti, ya que hoy la jugada en ventas es descubrir, retener y potenciar la relación con ellos.

Con esta nueva edición que aquí te presento, quiero invitarte a que te transformes en una verdadera o un verdadero profesional de las ventas. Siendo mi más profundo deseo que logres conquistar todas las metas materiales y espirituales que te has propuesto para mejorar tu economía personal, la economía de tu familia, la economía con tu pareja, la economía en tu trabajo y, finalmente, lograr un mejor estilo de vida.

Por último, querido lector, quiero dejarte un importante y trascendental mensaje. Me parece que el dinero no debería ser el objetivo central de la vida, sino solo el medio para conquistar y comprar todo lo que nos pueda facilitar nuestro paso por ella.

Gerardo Mendoza
Febrero, 2019

Introducción

Saber negociar es una habilidad indispensable para salir adelante en un entorno económico y laboral tan competido como el actual.

Existe la creencia de que se trata de un "don" con el que algunas personas nacen. Sin embargo, yo creo que cualquier habilidad, incluida la capacidad de negociación, se puede adquirir y, sobre todo, afinar cada vez más.

Si deseas convertirte en un negociador infalible, tienes en tus manos la mejor herramienta para lograrlo. Este libro tiene como objetivo compartir contigo claves para desarrollar un plan de negociación donde ambas partes, comprador y vendedor, resulten ganadoras.

Existen muchas publicaciones que se presentan con el mismo propósito, sin embargo, el contenido de este libro se encuentra sustentado en una investigación realizada a través de entrevistas que fueron practicadas a 277 personas especializadas en las áreas de compras y ventas de grandes empresas nacionales e internacionales.

Estas entrevistas, cuya metodología encontrarás en el anexo final, fueron realizadas con el propósito de conocer la opinión y percepción de los participantes sobre las habilidades que consideran más importantes en un negociador profesional. Basándome en aquellos resultados, he desarrollado las mejores técnicas y sugerencias para convertirte en un verdadero Asesor Consultor de Ventas.

Este libro está dividido en dos partes. Cada una contiene diez capítulos. En cada capítulo se desarrolla una de las habilidades que fueron consideradas en la encuesta como las más importantes para un vendedor profesional. Además, en cada capítulo encontrarás desarrollada la habilidad desde la postura del vendedor y también desde la postura del comprador, con recomendaciones personalizadas para ambos.

Al final, he agregado las secciones *Control para el vendedor* y *Control para el comprador*, con preguntas especialmente diseñadas para evaluar tus habilidades y tus áreas de oportunidad como negociador.

Te recomiendo que, durante tu lectura, tengas contigo una libreta y una pluma para responder a estas preguntas, ya que, posteriormente, te servirán de guía para evaluar tu aprendizaje.

Para enriquecer la lectura, incluí algunas experiencias y ejemplos de lo que se debe y no se debe hacer durante un proceso de compra. También encontrarás los puntos más importantes de cada tema en el recuadro *Claves del capítulo*, que funciona como un resumen condensado de lo expuesto en cada uno.

¿Por qué incluí a los compradores si es un libro sobre habilidades de venta? Porque un comprador que no es un buen vendedor, no puede ser un buen negociador, y viceversa. Para que exista una relación comercial duradera, donde ambas partes se vean beneficiadas por igual, vendedor y comprador deben trabajar en conjunto y conocer a fondo las necesidades del otro.

Además, los compradores también tienen clientes internos dentro de sus organizaciones, para quienes realizan las compras y con quienes deben negociar igualmente. Por lo tanto, te invito a leer cada capítulo de principio a fin, sin importar si te dedicas a comprar o a vender, pues abordar el tema desde ambas posiciones te beneficiará como negociador.

Mi mayor interés con este libro es que tanto el comprador

como el vendedor desarrollen habilidades comerciales que les permitan cerrar mejores acuerdos, alcanzar mayor comprensión entre las partes, establecer relaciones de negocios sólidas y perdurables y, desde luego, traducir el contenido en mejores resultados y mayor rentabilidad. Cuando termines la lectura, habrás aprendido y reforzado las claves para practicar mejores estrategias de negociación. Esto te convertirá en una persona mucho más focalizada y productiva para tu organización.

Para que tu aprendizaje sea completo, también he añadido el anexo *Palabras para llevar contigo*, con los términos más importantes que debes recordar para tener éxito en esta profesión.

Este libro es un viaje de aprendizaje y reflexión, pero la verdadera aventura empieza en el momento en que decides ponerlo en práctica. Si deseas convertirte en el mejor de los negociadores, no dudes en volver a leer los capítulos que consideres más relevantes, ya que son tu mejor herramienta para conquistar el éxito.

Fondo y forma

Cuando pregunto a los participantes de las clases que imparto si en ventas es más importante el fondo o la forma, muchos me responden que sin duda la forma, mientras que otros apuestan por el fondo.

Sin embargo, se trata de una pregunta capciosa, pues no hay un aspecto más importante que otro. Ambos se complementan. Pero permíteme explicártelo con la siguiente analogía.

La Plaza de San Marcos, en Venecia, está construida sobre enormes troncos de cipreses, que es una especie de árbol muy abundante en esa zona. Utilizando los troncos de estos árboles, los antiguos venecianos le ganaron terreno al mar. Imagínate la longitud y grosor que deben tener esos troncos para sostener sobre el nivel del mar una parte de una ciudad. De hecho, llegan a medir más de diez metros de altura.

Ahora, si el tronco mide diez metros, ¿cuánto crees que midan sus raíces? Efectivamente, las raíces que se extienden en el fondo de la tierra tienen la misma longitud que el tronco, de otra forma los árboles no podrían sostenerse. Por lo tanto, la forma estaría representada en lo visible del árbol: el tronco, las ramas y el follaje; y el fondo serían sus raíces: ocultas bajo la tierra, pero que alimentan, sostienen y dan vida al árbol.

Volviendo al terreno de las ventas, la forma corresponde a lo que se puede percibir con los sentidos: la imagen que proyecta el vendedor, lo que dice y las sensaciones o emociones que puede generar. Por su parte, el fondo sería la preparación, conocimiento y dominio del producto o servicio que ofrece. Y, desde luego, ambos son igual de importantes.

Pensemos, por ejemplo, en una persona que vende determinado producto y que conoce muy bien sus beneficios y aplicaciones (fondo). Pero, si no es capaz de proyectar ese profesionalismo ni todos sus conocimientos (forma), no alcanzará los mejores resultados. Igualmente, una persona que proyecta seguridad y profesionalismo (forma), pero que no conoce su producto (fondo), tampoco tendrá el mejor desempeño.

Precisamente por eso, este libro está dividido en esas dos partes y abarca temas relacionados con el desarrollo de habilidades en cada una de ellas. El objetivo es afianzar la raíz del conocimiento, así como el follaje en el que se manifiesta.

La dualidad entre fondo y forma no es una novedad y se encuentra expresada de muchas maneras en culturas muy distintas, por ejemplo, en el concepto chino del yin y el yang: el equilibrio perfecto. Esta figura abarca todo: la vida y la muerte, la salud y la enfermedad, la luz y la sombra, lo masculino y lo femenino y, desde luego, el fondo y la forma.

Las ventas también tienen un yin y un yang. Un vendedor

profesional no puede enfocarse solo en la forma y tener apariencia atractiva, actitud positiva y saber expresarse muy bien, si no tiene el conocimiento y la preparación adecuados. Así como tampoco puede enfocarse solo en el fondo y ser alguien muy culto, preparado y con profundo conocimiento de lo que vende, si no es capaz de mostrarlo.

La finalidad de este libro es desarrollar ese equilibrio.

1

PRIMERA PARTE

El valor del fondo en un
negociador profesional

Un profesional de compras que no comprenda las estrategias de ventas, nunca podrá ser un buen negociador. Mientras que un Asesor Consultor de Ventas que no comprenda las estrategias de un comprador, siempre será solo un vendedor y no llegará a convertirse en estratega.

1

CAPÍTULO

Conocimiento del producto

El conocimiento del producto fue elegido por nuestros entrevistados como la habilidad más importante que debe tener un profesional de ventas para que sea efectivo el proceso de venta.

Parece increíble, pero muchas personas en el mundo de las ventas no conocen ni dominan lo que están vendiendo, lo cual representa un problema muy grave cuando se presentan frente al prospecto o cliente. Porque una persona, independientemente de que luzca bien, sea divertida o muy hábil para las relaciones públicas, debe saber sustentar técnicamente los diferenciadores del producto o servicio que ofrece. Si no domina de forma consistente lo que vende, se vuelve muy vulnerable y el comprador, simple y sencillamente, se enfocará en negociar solo la parte del precio.

Ahora, me gustaría que reflexionaras en torno a lo siguiente: ¿Cuántas veces te has preparado en el tema de ventas? ¿Cuántas veces has aprendido nuevas técnicas de ventas? ¿A cuántos seminarios de ventas has asistido en los últimos dos años? ¿Cuántos libros relacionados con el tema has estudiado? ¿A cuántos cursos, fuera de los que imparte tu organización, has asistido para profundizar en el conocimiento del producto que ofreces o inclusive para mejorar tu técnica de ventas?

Cuando una persona conoce su producto, el proceso de venta es mucho más sencillo. Esto porque el comprador es lo suficientemente inteligente como para darse cuenta de que el vendedor domina tan bien eso que le está vendiendo, que la oferta de venta se vuelve potente y convincente. En Formación Ejecutiva Empresarial, Escuela de Ventas, lo primero que hacemos al inicio de cada semana es una reunión con todos los colaboradores, independientemente del rango que tengan o de la actividad que realicen, y discutimos sobre los beneficios de los productos que ofrecemos y cómo se venden.

Lo que hacemos es un juego de rol, cuya finalidad es garantizar que cualquier persona que trabaje en la institución logre dominar las características de nuestros productos, su precio, el formato en que entregamos cada curso, etc. Así hemos logrado que todas las personas que están en la empresa tengan el conocimiento necesario de los productos que ofrecemos y que puedan proporcionar información, de manera profesional, a cualquier prospecto o cliente que lo solicite.

Te invito a que consideres como una prioridad el conocimiento total de tu producto. Si tienes un grupo de ventas y perteneces a una organización, puedes hacer reuniones frecuentes para trabajar las ventajas, los beneficios y diferenciadores de los productos, o bien, para plantear escenarios distintos. En este tipo de reuniones, surgen muchas ideas que muy probablemente a ti solo no se te habrían ocurrido. De esta manera, cuando te encuentres con un prospecto o cliente tendrás una visión más amplia, además de mayores elementos argumentales. Actualmente, el que domina mejor el producto, el que mejor se prepara, el que más tiempo le asigna y le dedica al conocimiento de lo que ofrece, sin duda alguna tendrá más posibilidades de quedarse con el dinero del cliente y estará presente en su mente.

En los zapatos
del asesor de ventas

¿Qué tanto conoces lo que vendes? ¿Estás listo para hacer una presentación detallada de tu producto? ¿Dominas las características que hacen que tu producto sea único y distinto de otros productos similares en el mercado?

Si tus respuestas son afirmativas, te felicito, porque eso es precisamente lo que los compradores requieren: profesionales de ventas que conozcan lo que venden. Sin embargo, si tú crees que para tener un amplio conocimiento de tu producto requieres capacitarte técnicamente, tendrás que desarrollar una mejor estrategia y pedir ayuda en tu organización, con el fin de que la persona mejor capacitada para presentar el producto te comparta sus conocimientos, y así puedas desarrollar mejores prácticas al momento de estar frente a un prospecto o cliente.

Estoy seguro de que, tal como me ha sucedido en diversas ocasiones, has tenido que entrevistarte con vendedores improvisados que, con tal de lograr la venta, inventan características sobre los productos que ofrecen, ya que en el fondo lo único que quieren es tu dinero para alcanzar su presupuesto.

Recomendaciones para asesores de ventas

1. Prepárate mejor, estudia mucho, sé un verdadero profesional de ventas.

2. Capacítate constantemente sobre las características de los productos que ofreces.

3. Conviértete en un verdadero experto en las aplicaciones del producto.

4. Ten en cuenta que en muchas ocasiones los compradores son expertos conocedores de lo que necesitan y, si te perciben poco conocedor del tema, se irán directamente al precio y a las condiciones de compra.

5. Recuerda que con un discurso de ventas improvisado obtendrás resultados improvisados.

6. No dejes cabos sueltos, si te sientes inseguro sobre algún aspecto de tu producto, no te avergüences y solicita capacitación.

7. Estudia los documentos y promocionales que tu empresa utiliza para difundir sus productos.

8. Si tu empresa no te ofrece los materiales de ventas que necesitas, genéralos tú. Por ejemplo, aprovecha tus visitas a los clientes y registra cuáles son las preguntas más frecuentes que te hacen durante una entrevista.

9. Antes de entrevistarte con un prospecto, piensa muy bien qué es lo que le vas a ofrecer y prepárate para todo, como los toreros, que no saben el tipo de faenas que tendrán que hacer con cada toro.

10. No olvides que lo más importante es estar lo más preparado posible y en constante actualización. El conocimiento de tu producto se verá reflejado en ventas.

En los zapatos del comprador

Si tú te dedicas a comprar, mi mejor sugerencia es que, antes de conceder una entrevista, conozcas la información concreta y específica de los productos que estás interesado en adquirir. Sin este conocimiento puedes volverte presa fácil de algún vendedor que ponga en práctica sus habilidades y podrías terminar tomando una decisión de compra basada en tus emociones, más que en tus necesidades.

Si eres un comprador habitual de determinados productos, seguramente en cada compra irás perfeccionando tu capacidad de observar y comparar si los productos realmente cubren tus requerimientos.

Recomendaciones para compradores

1. Si no dominas técnicamente las especificaciones de lo que debes comprar, acude a la persona más preparada de tu empresa para que te oriente acerca de las características de lo que necesitas.

2. Si eres un comprador novato, evita demostrarlo, ya que un profesional de ventas puede aprovecharse de esta situación y ofrecerte algún producto que no cubra tus necesidades.

3. Haz que el profesional de ventas te brinde argumentos sobre la conveniencia de elegir sus productos. Así obtendrás lo que quieres y ganarás tiempo.

4. Antes de entrevistarte con un posible proveedor, piensa muy bien cuál es el objetivo de la entrevista y cuál es el resultado que deseas alcanzar.

5. Prepárate muy bien en el conocimiento de lo que quieres comprar, así proyectarás más seguridad en la compra y obtendrás mejores condiciones y productos.

Cuando te muestras como un gran conocedor del tema, el vendedor tendrá que esforzarse más en el proceso de la venta y dominar con profundidad las características de su producto. Realiza un guion por escrito con las preguntas que consideres más importantes para obtener información realmente útil.

Muchas veces, las personas que están ejerciendo el poder de compra, o quienes ocupan el cargo de compras en una empresa, realmente no conocen lo que quieren comprar, no son especialistas ni dominan técnicamente lo que están buscando y eso los vuelve muy vulnerables. Cuando un vendedor nota que la contraparte no domina técnicamente lo que está queriendo comprar, no necesita sacar todas las ventajas ni los beneficios de su producto, sino que se enfoca en sorprender con pequeños destellos que impresionen al comprador para cerrar la venta lo más pronto posible.

Yo invito a los compradores a que se prepararen y a que conozcan muy bien lo que requieren comprar.

En nuestra actividad, que es la formación y el entrenamiento de vendedores, es común tener trato con compradores técnicos que están en busca de algún programa de capacitación para el personal de su empresa. Cuando les pregunto cuál es el perfil del grupo al que se impartirá la capacitación, el nivel de escolaridad, qué historias de éxito o de fracaso han tenido, etc., muchas veces, como no tienen una visión integral, no conocen las respuestas.

Para nosotros es fundamental conocer el perfil del grupo y lo que les interesa aprender, ya que de ello depende el tipo de programa o curso que aplicaría. Pero, como decía, es común que el comprador no cuente con la información mínima de lo que requiere y que pregunte solo generalidades, como los precios y horarios para llevar la propuesta a su cliente interno.

Cuando nosotros, como asesores de ventas, nos damos cuenta de que la persona no está técnicamente preparada, nos vemos limitados para venderle las ventajas, los beneficios y los diferenciadores de nuestros productos. Así, definitivamente se pierden muchas oportunidades de que elijan lo que es más adecuado para su caso particular.

Control para el vendedor

- ¿Conoces a la perfección lo que vende tu empresa y los diferenciadores de tu producto o servicio?
- ¿Estudias con frecuencia las ventajas y beneficios de tu producto o servicio?
- ¿Te preparas, investigas y te informas sobre las actualizaciones o inclusive sobre los productos similares que ofrece la competencia?
- ¿Has tomado algún curso de ventas en los últimos dos años?
- ¿Qué acciones estás dispuesto a realizar de hoy en adelante para mejorar el conocimiento y dominio de tu producto o servicio?

Control para el comprador

- ¿Investigas las especificaciones de los productos o servicios que compras?

- ¿Pides apoyo cuando vas a adquirir algún producto o servicio que no conoces a la perfección?
- ¿Cuándo te entrevistas con el asesor de ventas, haces preguntas que te proporcionen información relevante sobre el producto o servicio que deseas adquirir?
- ¿Conoces las necesidades reales de tus clientes internos antes de hacer una compra?
- ¿Qué preguntas clave harías a tus clientes internos para conocer sus verdaderas necesidades de compra?

Claves del capítulo

- Hoy, son fundamentales la capacitación, investigación y actualización permanentes para ser un verdadero conocedor del producto que ofreces como asesor de ventas.

- Mientras más conoces tu producto, más argumentos tienes para promoverlo y motivar la compra.

- El conocimiento del producto al momento de comprar es la mejor estrategia para realizar negociaciones basadas en necesidades específicas más que en emociones.

2

CAPÍTULO

Conocimiento de la empresa y el comprador

Esta habilidad fue calificada por los entrevistados entre las cinco más importantes. No conocer la empresa que visita puede restarle muchos puntos al profesional de ventas. Y, por supuesto, la situación empeora cuando tampoco conoce a la persona con la que está tratando.

Es responsabilidad del vendedor investigar previamente sobre la empresa que va a visitar y la persona con la que va a entrevistarse. Este conocimiento no solo le permitirá sentirse más seguro y capacitado para vender sus productos, sino que será capaz de otorgarle un trato más personalizado al prospecto.

En los zapatos
del asesor de ventas

Es fundamental que sepas qué hacer antes de entrevistarte con un posible cliente. Y tengas claro quién es y a qué se dedica la empresa que representa. Esto parece algo muy obvio, sin embargo, muchas personas que se dicen vendedores se presentan a sus citas sin saberlo.

Así que, para comprender el perfil del comprador y tener más oportunidades de cerrar el trato, considera siempre estos cuatro puntos:

1. Investiga todo lo que puedas acerca de la empresa a la que te diriges.

2. Ten muy claro a qué se dedican, cuáles son sus necesidades y su mercado.

3. Conoce los logros de la empresa y también evalúa sus áreas de oportunidad.

4. Si es posible, indaga a quién le están comprando o le han comprado productos similares al que ofreces.

En los años que tengo de dedicarme a las ventas, este ha sido uno de mis máximos secretos: sorprender a la persona que me entrevista con mi conocimiento acerca de los productos y servicios que ofrece su empresa.

Me he percatado de que, en muchas ocasiones, ni siquiera la misma persona que me está entrevistando conoce la página de Internet de su empresa o lo que se publica de ella en los medios de comunicación.

En una entrevista que tuve con personal de una institución financiera internacional, tuve oportunidad de aplicar esta estrategia. Ellos me solicitaban apoyo en integrar sus propios programas para atraer nuevos clientes a los programas de formación que habíamos desarrollado para su empresa.

Comencé a hacerles preguntas sobre sus productos para conocer los alcances y el impacto de intercalar ambos programas. Sin embargo, no tenían la suficiente información para responderme, así que llamaron a otra persona del área de mercadotecnia. Como la otra persona tampoco conocía las respuestas, me ofrecí a investigar yo mismo y al día siguiente ambos programas se hallaban integrados.

Mi sugerencia es que estés siempre un paso adelante del comprador. Es imperdonable que, después de un tiempo de haber negociado, no sepamos nada del comprador.

Si perteneces a ese tipo de vendedores que únicamente conocen el primer nombre con el primer apellido del cliente… ¡Alerta!

No tienes ninguna ventaja sobre cualquier otro vendedor que ofrezca su producto por primera vez, y eso es muy peligroso. Si el nuevo vendedor está mejor informado que tú, estás en grave riesgo de perder el contacto y que lo gane la competencia.

Es muy importante destacar que no solo debes conocer los datos de la empresa, sino que también debes conseguir información sobre la persona con la que tienes el contacto. Hoy la jugada es estar presente en la mente de tus prospectos, y mucho más en la de tus clientes, ya que solo así es posible convertir las emociones en relaciones comerciales.

Nunca te confíes demasiado. Es común que cometamos este error, ya que vamos por la vida conociendo a muchas personas y a veces no nos damos tiempo de registrar la información importante en una bitácora o CRM (Customer Relation Manager).

El CRM es un sistema de administración en el que se registra la información que se obtiene de un cliente: ya sea personal, como nombre completo, onomástico, hobbies, etc.; o profesional, como tipo de producto que compra, frecuencia con que compra, acuerdos, negociaciones, etc.

El CRM es el instrumento más efectivo que se conoce para llevar un seguimiento del cliente y registrar los movimientos que tiene su cuenta. Se puede bajar de manera gratuita en Internet, aunque también existen versiones mucho más sofisticadas que implican grandes inversiones para las organizaciones.

En caso de que no lleves un registro como este, te recomiendo que a partir de este momento adquieras un cuaderno y que en cada entrevista que tengas escribas todos los datos que consideres relevantes de la empresa y tu contacto. Utiliza esa información para tus próximas entrevistas, ya que con esto el cliente se dará cuenta del interés que tienes y te notará informado y actualizado en las negociaciones.

Recomendaciones para el asesor de ventas

En cuanto a la empresa que se visita:

1. Investiga a la empresa; revisa su página de Internet y busca la mayor información posible.

2. Investiga los logros de la empresa y el alcance de sus mercados.

3. Evalúa la posible capacidad de compra.

4. Investiga a quién le han estado comprando antes los productos o servicios que ofreces.

5. Si es posible, indaga sobre las experiencias que han tenido con sus actuales vendedores.

6. Encuentra el lado más delgado de la relación con esos vendedores y ocupa esa debilidad a tu favor. Al llevar a la práctica esta estrategia, es importante que tengas cuidado de nunca desprestigiar a tus competidores, simplemente hacer las comparaciones pertinentes que te permitan ganar terreno durante la negociación.

7. Busca cuáles son las experiencias del mercado y, si son positivas, ocúpalas para entrar en conversación.

8. Si encuentras referencias o promociones de la empresa o sus productos en algún medio de comunicación, ya sea prensa, radio, espectaculares, incluso un volante, coméntalo con el comprador, esto hará que se sienta halagado.

9. Sé un verdadero profesional de ventas y lee todo lo que puedas sobre los temas que te conciernen; ten la seguridad de que en algún momento utilizarás esa información.

En cuanto al comprador o persona con la que se tiene contacto:

1. Procura disponer de la información básica: nombre completo, puesto o función y datos correctos de la empresa que representa, como razón social, dirección, etc.

2. Si tienes oportunidad de conocer algún dato adicional de la persona, tómalo en cuenta porque, si es pertinente, durante la entrevista podrías ocuparlo de manera acertada.

3. Si por alguna circunstancia llegaras a conocer información personal o confidencial, sé sumamente cauteloso si decides usarla a favor tuyo. Si te enredas con ese tema, tarde o temprano te verás involucrado en una situación que puede poner en riesgo la cuenta y tu reputación.

En los zapatos del comprador

Si una persona te pide una entrevista y te percatas de que no ha tenido el cuidado de conocerte –y por conocerte me refiero a tu nombre completo, puesto y funciones–, no tienes por qué ser muy abierto en la entrevista. Lo anterior no significa que puedas mostrarte rudo y agresivo, sino que seas cauteloso.

Con esto no quiero decir que el vendedor deba conocer tus hobbies, preferencias, rutinas, situación familiar, etc. De hecho, eso sería incluso riesgoso. Pero que conozca la información básica es una muestra de interés y de profesionalismo.

En las ocasiones en las que me ha tocado desempeñar el papel de comprador, se han presentado vendedores a pedir una entrevista y me he percatado de que ni siquiera conocen mi nombre. Y en el mismo momento de la entrevista quieren investigar mi puesto, a qué me dedico, etc. Si hubieran sido profesionales y tenido el suficiente interés, podrían haber encontrado toda esa información y mucha más en la página de Internet de la empresa, algo verdaderamente sencillo.

No existen pretextos para no estar informado; mucho

menos si se trata de una empresa muy conocida y con antigüedad en el mercado, de la que es posible hallar información por todos lados.

Recomendaciones para el comprador

1. Procura que la página de Internet de la empresa esté lo más actualizada posible y que contenga todos los datos importantes.

2. Sé un digno representante de la empresa en la que trabajas. Un comprador siempre debe tener un trato respetuoso con los vendedores, ya que no sabes si en algún momento necesites apoyo o algún servicio adicional.

3. Cuando estés jugando el papel de comprador, marca muy bien tu territorio, es decir, define las reglas del juego. Si el vendedor es un buen Asesor Consultor de Ventas, las sabrá respetar y ajustar su estrategia a ellas.

4. Debes tener claro que gran parte de los vendedores no tienen la capacidad de negociar beneficios adicionales y, si condicionas la compra a ello, puedes

perder la oportunidad de adquirir productos que realmente te convienen.

5. Nunca abuses de la función y responsabilidad que tienes, recuerda que, en muchas ocasiones, si el vendedor no es tu aliado y llegaras a necesitar su producto con las condiciones que él ofrece, tú perderás.

6. Sé claro y no muestres tus emociones por comprar. Sin comportarte de manera altanera, escucha la propuesta que el asesor de ventas hace.

Control para el asesor de ventas

- ¿Antes de ir a una cita, investigas lo más que puedes sobre la empresa que vas a visitar?
- ¿En tus citas, tomas notas sobre los acuerdos y la información que te proporciona el cliente sobre sus necesidades?
- ¿Durante el proceso de venta, haces preguntas que te permitan conocer mejor a tu cliente?

- ¿Cuentas con un CRM o alguna herramienta que te permita dar seguimiento a cada uno de tus clientes?
- ¿Qué áreas de oportunidad puedes trabajar para que tus citas sean más efectivas y te permitan conocer mejor a tus clientes?

Control para el comprador

- ¿Tienes un trato respetuoso con los vendedores que te visitan?
- ¿Consideras que tu actitud puede influir en la propuesta que te haga el vendedor?
- ¿Te consideras un digno representante de la empresa en la que trabajas?
- ¿Sabes cómo marcar los límites con el asesor de ventas para que su relación sea perdurable?
- ¿Qué beneficios has obtenido al construir una relación ganar-ganar-ganar con un asesor de ventas?

Claves del capítulo

- Puedes obtener muchas ventajas como profesional de las ventas si al presentarte a una entrevista demuestras que conoces bien la empresa que visitas y a la persona con la que tratas.

- Mostrarte informado hará que tu cliente tome en serio tu compromiso con asesorarlo y confíe en ti.

- En lugar de invertir tiempo de la entrevista en indagar sobre la empresa o tu contacto, podrás aprovecharlo para hablar de tu producto.

3 CAPÍTULO

Demostrar mayor interés en asesorar que en vender

Esta habilidad fue considerada como la segunda en importancia por las personas encuestadas. Cuando un vendedor se muestra más interesado en el bienestar del consumidor que en cerrar la venta, el cliente lo nota y le otorga su confianza para dejarse guiar.

El problema de miles de vendedores es que ponen en evidencia que lo único que les interesa del cliente es su dinero, y esa actitud se traduce en bajas ventas. Para que logres convertirte en un asesor del cliente, te sugiero fomentar un mayor acercamiento con él. Es importante escucharlo activamente, identificar sus necesidades y concentrarte en asesorarlo de una manera profesional.

Muchas veces los vendedores venden productos que el cliente no necesita, ya que no hay un interés genuino por identificar lo que verdaderamente requiere. Recuerda que muchas veces los clientes no saben qué comprar. Un profesional de ventas interesado en asesorar a su cliente está obligado a explicar correctamente el funcionamiento, las aplicaciones y el uso del producto que está ofreciendo.

Un vendedor puede colocar su producto una vez, pero una persona interesada en asesorar al cliente colocará su producto no solo en una ocasión, sino continuamente. Este tema es fundamental. Piensa en cuántas ocasiones has sido víctima de vendedores que no tienen la capacidad de indagar tus necesidades reales y te venden cosas que no necesitas.

En este momento me vienen a la cabeza muchas experiencias de este tipo. Y seguramente coincides conmigo en lo desagradable que es darse cuenta de que el único interés de esos vendedores era tener tu dinero y que jamás se preocuparon por tu satisfacción. Mientras mejor sean asesorados los clientes, te proporcionarán más información que te permitirá construir una propuesta aún más adecuada a sus necesidades específicas.

Cuando un cliente se siente genuinamente asesorado por un profesional de ventas, abre sus canales de comunicación, esa es tu oportunidad para descubrir lo que en realidad necesita y, al mismo tiempo, generar empatía. Cientos de vendedores tienen una maravillosa capacidad de hablar, pero son muy pocos los que saben escuchar y asesorar.

Si tú te interesas genuinamente en asesorar a tu cliente y te comprometes a conocer sus procesos y verdaderas necesidades, abres tus posibilidades para convertirte en su proveedor. Recuerda que esta también es una manera de llamar su atención y estar presente en su mente.

Ahora, me gustaría explicarte, punto por punto, el siguiente esquema.

La teoría del espejo entre compras y ventas

Terreno donde se desempeña el comprador

Terreno donde se desempeña el vendedor

Asesor Consultor de Compras

Asesor Consultor de Ventas

Asesor

Vendedor

Despachador o toma pedidos

- Despachador o toma pedidos: Es quien se dedica única y exclusivamente a satisfacer las solicitudes del cliente, ya que no tienen la iniciativa de ayudarlo a crear necesidades.
- Vendedor: La persona que atiende de manera más cortés las necesidades del cliente y entrega de buena manera lo que el cliente ya había decidido comprar.
- Asesor: Es la persona que interactúa con el cliente para ayudarle a solucionar y crearle nuevas necesidades.
- Asesor Consultor de Ventas: Es un grado superior, ya que lo que esta persona busca es asesorar, consultar el valor del fondo en un negociador profesional e investigar qué es lo que realmente quiere el cliente para después venderle.
- Asesor Consultor de Compras: Este es el máximo grado que he encontrado hasta ahora. El principal interés de esta persona, mucho más allá de concretar una venta, es aconsejar y ayudar al cliente a que invierta su dinero en lo que realmente necesita.

Como mencionaba anteriormente, es muy común que los clientes no sepan qué deberían comprar. Algunas veces solo tienen una idea y, si tú haces el compromiso activo de colaborar con ellos en la decisión correcta, ganarás a un aliado estratégico.

De aquí surge un nuevo concepto: "prosumidor". Esta palabra, prosumidor o *prosumer*, es un acrónimo formado por la fusión de *producer* (productor) y *consumer* (consumidor). Igualmente, se le asocia con la fusión de las palabras en inglés *professional* (profesional) y *consumer* (consumidor).

Actualmente, este concepto es utilizado por grandes compañías transnacionales, como Sony, para describir a los usuarios de cámaras de video que pueden crear sus propios documentales con el fin de compartirlos. Esto significa que el término prosumer no solo se aplica a la red, sino a las nuevas tecnologías que ofrecen facilidad y compatibilidad con el usuario.

Es evidente que esta tendencia a producir y consumir se debe al contexto digital en el que vivimos. El desarrollo de la tecnología aplicada a las redes de comunicación nos permite tener mayor acceso a cualquier información, sin que las barreras geográficas sean un impedimento.

Al hablar de un productor y consumidor de información, se puede realizar una similitud con el modelo "emirec" (emisor-receptor) del investigador en comunicaciones Jean Cloutier, donde se menciona que se da una cadena de transmisión de información y de respuesta entre emisor y receptor.

Por lo tanto, y llevándolo al terreno que nos ocupa, un prosumidor es la persona que, al estar altamente satisfecha con la compra que realiza y con la inversión que ha hecho, se convierte en uno de los mejores promotores de ese producto. Es decir, actúa como un gran vendedor sin sueldo. Es una persona que está en la calle hablando muy bien de la atención recibida e, inclusive, en muchas ocasiones da las referencias de la empresa o del vendedor y hasta llega a concretar extraordinarias ventas.

Si tú tienes ese aliado, podrás encontrar una red de ventas mucho más grande y hacer frente a la parte más competitiva del área comercial hoy en día. Tener prosumidores sirve para crear una red poderosa de alianzas estratégicas que nos ayudan a alcanzar mejores presupuestos.

Ahora, antes de continuar, me gustaría que te preguntes lo siguiente: ¿Cuántas veces por tu asesoría has conseguido clientes? ¿Has tenido la grata sorpresa de que alguien toque a tu puerta y te diga que está interesado en adquirir tu producto porque le ha sido altamente recomendado por una tercera persona?

Esto, como me gusta decir, es una flor en el camino, porque alguien más vino a tocar tu puerta y, gracias al buen trabajo que has hecho, te llegó una venta que no esperabas. Esas ventas son las que te ayudan a lograr los presupuestos y crecer tu mercado.

Ahora me gustaría que te preguntes: ¿Cuántas veces has hecho una venta que no ha redituado con una recomendación? ¿Cuántas veces has dejado pasar la oportunidad de tener un prosumidor como aliado?

Los clientes buscan fidelidad. Y no los impresiona que el vendedor tenga una amplia cartera de contactos y que conozca a muchas personas, sino cuántas de esas personas que conoce son sus clientes asiduos. Recuerda que lo más importante en el mundo de las ventas son los resultados y la rentabilidad. Y estos solo se alcanzan cuando se va creando una red comercial que acrecienta los resultados.

Así que olvídate ya de ser un vendedor que solamente está presente cuando el cliente lo necesita. Si estás presente en la mente del cliente las 24 horas durante los 365 días al año, llegarán a ti más ventas y más cuentas. Solo necesitas decidirte a dar ese paso.

Uno de los temas más importantes en el mundo de las ventas es lograr una empatía comercial. Piensa que, dependiendo del tipo de producto, puede sucederte que el cliente esté mucho más preparado que tú y conozca mejor las especificaciones técnicas.

En los zapatos
del asesor de ventas

Si estás listo para escuchar lo que el cliente requiere como un profesional de ventas, tendrás una oportunidad extraordinaria frente a ti. El verdadero secreto para asesorar correctamente una venta es la capacidad de entrevistar, es decir, escuchar activamente qué es lo que el cliente necesita y hacer las preguntas correctas para obtener las respuestas adecuadas en este sentido.

Si decides realmente concentrarte en la oportunidad extraordinaria de asesorar, de tener mucha más empatía y de ponerte no solo en los zapatos de tu prospecto, sino del lado del comprador, desarrollarás un perfil diferente y comprenderás que las personas que tienen dinero lo que necesitan es invertirlo, no gastarlo.

Invertir para que su negocio reditúe y alcance los resultados que también a ellos les exigen en sus empresas. Recuerda que las personas que nos dedicamos a las ventas, en muchas ocasiones, también jugamos el papel de compradores. Todos somos compradores y todos somos vendedores en algún momento. Planea tus acciones para sorprender con una excelente asesoría al cliente. Pero ten presente que no siempre se cierra un negocio en la primera entrevista. En muchas ocasiones, es necesario concursar, licitar y argumentar una y otra vez. Pero cuando tu interés es asesorar más que vender, tus oportunidades siempre serán mayores.

Recomendaciones para el asesor de ventas

1. Dispón de preguntas previamente formuladas para que las utilices cuando te encuentres con el comprador y logres obtener la información que requieres para asesorarlo.

2. Recuerda que lo que el cliente quiere comprar son respuestas, rapidez y soluciones. El que más rápido lo atienda, el que mejor lo comprenda, el que más atentamente lo escuche, tendrá mayor oportunidad de quedarse con la venta.

3. Te sugiero estar activamente presente en la mente del comprador y registrar la mayor cantidad de información posible. El comprador te sentirá genuinamente interesado en su gestión, lo cual será una ventaja al momento de negociar.

4. Lleva registro de todos los temas tratados durante

las entrevistas con el cliente, úsalo como bitácora de los acuerdos previos y de la ruta que van tomando las negociaciones.

En los zapatos del comprador

A un comprador profesional le corresponde hacer las preguntas indicadas. Aquellas que lo lleven a descubrir si el vendedor es la persona más adecuada y si el producto es el más conveniente, además del que mejor cubre sus necesidades. A través de esas preguntas, también descubrirá si la empresa tiene la seriedad y el profesionalismo para cumplir con los compromisos.

Para ser un comprador profesional se requiere ser un gran entrevistador, una persona que esté dispuesta a indagar, investigar y escudriñar la historia del vendedor en su empresa y en el entorno.

Ayudemos a profesionalizar la relación entre ambas partes (comprador y vendedor) porque, en el momento en que logramos compartir la misma información, entramos en relaciones ganadoras. Una relación ganadora es aquella en la que todas las partes resultan beneficiadas: el vendedor, la empresa del vendedor, el comprador, la empresa del comprador y el usuario final.

Como comprador profesional, te aconsejo que tengas muy abierta la mente para escuchar activamente las preguntas que te hagan los vendedores y, si son preguntas realmente focalizadas, úsalas a tu favor a la hora de negociar.

Los compradores no solo deben negociar precios. Si solo te interesas en el precio, limitas al profesional de ventas para hacer su labor y tú también perderás. Te sugiero que seas lo suficientemente abierto y recuerdes que, si estás dispuesto a entablar una relación de fidelidad, el profesional de ventas se convertirá en tu mejor abogado dentro de su empresa para conseguirte mejores precios, tarifas y plazos.

Recomendaciones para el comprador

1. Toma notas durante la entrevista con un vendedor. Posteriormente esa información te servirá para realizar compras en mejores condiciones y concretar mejores negocios.

2. Lleva un registro de todas las ofertas del vendedor. Si el vendedor observa que estás preparado y llevas

un archivo con los acuerdos, no se retractará en ningún compromiso.

3. Aprende a leer las emociones de la otra persona para que vayas identificando la madurez de la relación en el proceso de la compra.

4. Permite que te asesoren. Cuando creemos que sabemos todo, dejamos de aprender cosas importantes y desaprovechamos oportunidades.

5. Ten cuidado con los vendedores improvisados que no tienen conocimiento de su producto y que solo se interesan por concretar una transacción.

6. Recuerda que vender no significa solamente "dame tu dinero y toma mi producto"; vender significa solucionar y crear necesidades.

7. Ten mucho cuidado de no dejarte impresionar por alguien que parezca muy capacitado pero que insista en contrariarte sobre algo que tú dominas.

Como mencionaba en el capítulo anterior, si no cuentas con el conocimiento técnico sobre lo que requieres comprar, asesórate con un profesional que conozca las especificaciones del producto y sus aplicaciones. Hazte responsable de la negociación, los plazos de entrega, los descuentos, las promociones, etc.

Control para el asesor de ventas

- ¿Te ocupas de que el cliente note que tienes mayor interés en asesorarlo que en concretar una venta?
- ¿Escuchas a tu cliente para identificar sus verdaderas necesidades?
- ¿Has logrado que tus clientes te recomienden con otros prospectos?
- ¿Alguna vez has creado la necesidad de tu producto o servicio en un cliente que está dudoso de la compra?
- ¿Qué acciones te podrían permitir descubrir, retener y potenciar la cuenta de un cliente?

Control para el comprador

- ¿Revisas las alternativas de compra antes de concretar una transacción?
- ¿Permites que el vendedor te asesore durante el proceso de compra?
- ¿Tomas notas de los acuerdos que logras con el asesor de ventas?
- ¿Valoras el servicio del asesor de ventas para tomar una decisión de compra?
- ¿Qué podrías mejorar para que tu relación con el asesor de ventas sea lo más rentable posible?

Claves del capítulo

- Un comprador siempre se sentirá más seguro y cómodo al tratar con un profesional de ventas que manifieste mayor interés en asesorarlo que en cerrar la venta.

- Muchos compradores tienen claro lo que quieren adquirir, pero cuando un comprador no sabe exactamente qué es lo que necesita, se abre una ventana de oportunidad para que el profesional de ventas lo asesore y cierre una venta de acuerdo con sus necesidades.

- Cuando el comprador es un experto, el asesor tiene que ser rápido y acertado para ofrecerle el producto o servicio que está pidiendo.

- Cuando el comprador tiene una idea vaga de sus necesidades, el vendedor tiene que prestar mayor atención y ser un mejor entrevistador para obtener información y lograr una venta en la que todos ganen.

4

CAPÍTULO

Capacidad para resolver problemas

En la encuesta, esta habilidad obtuvo el séptimo lugar de importancia. Porque en muchas ocasiones los compradores saben exactamente qué necesitan en tiempo y forma, y lo único que requieren del asesor es la capacidad de resolver problemas administrativos en el proceso de la compra.

El vendedor debe estar muy atento para resolver los problemas que estén a su alcance, pero teniendo en cuenta algo muy importante: evitar comprometerse con algo que no pueda cumplir, ya que eso implica comprometer sus resultados y buena reputación. Es mejor ser una persona sincera y aceptar con honestidad cuando es imposible asumir un compromiso que efectivamente no está en nuestras manos.

Muchas personas, por tratar de solucionar problemas, se comprometen a otorgar mayores descuentos y hacer entregas más rápidas, sin consultarlo con su red interna. Lo que necesitan los compradores es que los vendedores les reduzcan los problemas, no que les traigan más.

Hay que tener mucho cuidado con esto, porque los clientes también tienen sus propios ritmos y sus propios inconvenientes que resolver. Ojalá tú, como vendedor, no seas un problema más para el comprador, ya que, si él te considera problemático, seguramente no te tomará en cuenta para las próximas actividades de compra.

Los problemas que tengas dentro de tu organización, el ambiente, e inclusive las políticas y condiciones, si es que no te gustan, son solo asunto tuyo. El comprador no tiene por qué enterarse de tus problemas y los de tu empresa, ni mucho menos padecerlos. Además, cuando un comprador está enterado de las circunstancias internas de tu empresa, puede aprovechar esa información a su favor en el momento de la negociación. Como dice un antiguo refrán: "Los trapitos sucios se lavan en casa".

Un profesional de ventas es más eficiente mientras más problemas logre resolverle al comprador. Cuando un comprador se percata de que tú le ayudas a resolver problemas, valora mucho más la relación comercial y lo tendrá en cuenta a la hora de considerar la compra. Una persona que soluciona problemas es extremadamente valiosa, no solo para un comprador, sino para toda una organización.

¿Eres una persona que va a desarrollar la cadena de valor interno en su organización o eres una persona que frecuentemente está metida en conflictos por no saber cómo solucionar los problemas que se le presentan?

Piensa más en soluciones que en inconvenientes. Sobre todo en esta época en la que se habla tanto de problemas, ya que esa es precisamente la última palabra que quieren escuchar los compradores. Evita usarla a la hora de una negociación, los compradores pueden recurrir a ella, pero de ti no puede salir, ya que eso te muestra vulnerable.

Recuerda que finalmente al comprador también lo van a evaluar por lo mismo que a ti y que a mí: resultados y rentabilidad. Así que te invito a reflexionar activamente en qué hay que hacer para acercarnos en esta historia de resolver problemas.

Ten muy en cuenta que, quien se concentra en dar soluciones en lugar de excusas, y no le da cabida a la palabra "problema", corre con ventaja frente a sus competidores para quedarse con la venta.

En los zapatos del asesor de ventas

Seguramente coincides conmigo en que una persona, mientras más atenta y cordial sea, y resuelva mejor los problemas de la empresa que contrata, se vuelve mucho más atractiva para el comprador. Si tienes la capacidad de hallar soluciones integrales a los problemas del comprador, seguramente te tendrá como un aliado estratégico a la hora de tomar decisiones.

Recomendaciones para el asesor de ventas

1. Nunca ofrezcas algo que no podrás cumplir solo por cerrar la venta.

2. No te comprometas a entregar el producto o servicio bajo condiciones que no has consultado en tu empresa.

3. Nunca te muestres como una víctima de las circunstancias, ya que eso te hace ver muy poco profesional.

4. Cumple cabalmente los acuerdos pactados con tu

cliente, tanto en fechas como en documentación y requisitos.

5. Si en tu esfuerzo de ventas no logras tener el apoyo interno de tu organización, quedarás mal con el cliente y seguramente no querrá volver a saber de ti.

6. Recuerda: los clientes quieren respuestas, y no toleran los problemas.

7. Dedícate a solucionar lo que el cliente necesita y a crear en el trayecto mayores necesidades; en muchas ocasiones el cliente no sabe que necesita lo que tú tienes para él.

En los zapatos del comprador

Te invito a reflexionar sobre la verdadera capacidad para resolver problemas, ya que en muchas ocasiones el área de compras funciona como puente entre los clientes internos y los proveedores.

¿Qué tantos problemas ayudas a resolver con tus clientes internos? Revisa si realmente ellos te ven como un aliado de su negocio, pues llega a suceder que algunos compradores, en lugar de sumar y multiplicar, restan y dividen.

Evalúa si tu gestión como comprador está alineada a la estrategia de la organización que representas. También si las acciones que implementas como comprador ayudan a la empresa a lograr mejores resultados y mayor rentabilidad. Pero, sobre todo, evalúa si cubres las verdaderas necesidades del usuario.

No en todas las negociaciones el precio y las condiciones de compra tienen que ser los detonadores de la venta, por eso hay que tener una mayor comprensión de las necesidades del cliente interno.

Recomendaciones para el comprador

Muchos compradores no tienen la capacidad de sondear adecuadamente a sus clientes internos, y eso les dificulta identificar sus necesidades específicas, lo que puede ocasiona re-procesos por la falta de organización interna. Por ello te sugiero:

1. Identifica muy bien las necesidades del cliente interno y encuentra al proveedor correcto.

2. Averigua si el proveedor ya tiene historia, positiva o negativa, con la empresa.

3. Si por alguna razón no conoces al proveedor, vale la pena que lo investigues.

4. Jamás improvises una compra, porque al hacerlo solucionas el problema inmediato, pero le pasas un conflicto mucho más grande a tu cliente interno.

5. Si tú tienes un proveedor que ha demostrado fidelidad, ha trabajado contigo y te ha sacado de algún apuro, cuida mucho la relación con ese vendedor y con su empresa.

6. Ten claro que tu trabajo es funcionar como un puente entre el cliente interno y el cliente externo.

7. Busca optimizar todo lo que se pueda para acercar el producto que mejor cubra los requerimientos y que el cliente interno cuente con él en tiempo y forma.

8. Un comprador jamás debe comprar problemas. Si un profesional de ventas no cumple los acuerdos que ofreció, tienes el derecho de cambiar de proveedor.

9. Un profesional de compras se debe concentrar en buscar las mejores alternativas. Haz una investigación y compara calidad, precio y entrega.

Hace un tiempo, tuve oportunidad de ofrecer un programa de ventas a la empresa de espectáculos más grande en el país. Para ello, me entrevisté con personal de recursos humanos, quienes tenían muy claro lo que necesitaban: tipo de curso, duración, contenido y objetivos a lograr.

Como parte de las negociaciones, me pidieron que me contactara con las personas responsables de compras. Cuando nos reunimos con ellos, notamos que tenían una visión muy limitada de la compra, pues no dimensionaban el programa que la gente de capacitación requería para su fuerza de ventas. Así que me vi en la necesidad de explicarle al comprador cuáles eran los procedimientos internos y las necesidades específicas de sus clientes internos.

Es común que esto suceda en empresas muy grandes, en las que hay poca oportunidad de establecer una comunicación directa con otras áreas. Lo que provoca que se formen islas que funcionan de manera independiente y que cada una busque sus propios caminos para optimizar los recursos y la rentabilidad, perdiendo la visión periférica.

Lo que hice fue sentarme con el comprador, explicarle los pasos que ya habíamos concretado y vendérselos de manera muy sutil para que no se sintiera abrumado, o que lo habíamos brincado en el proceso de la compra.

A él le gustó la forma en que fuimos desarrollando la serie de entrevistas, porque con eso se dio cuenta de algunas otras áreas de oportunidad que tenía con sus clientes internos y aprendió a ver otro sector de su negocio, no nada más el de comprador profesional. Además, logró identificar las preocupaciones y las ocupaciones que, desde capacitación, tenían sus clientes internos para hacer más ventas.

Te sugiero que, cuando trates con un cliente, hagas la mayor cantidad posible de alianzas, pues contar con esos aliados internos te va a facilitar las ventas. No importa con qué persona comiences una relación comercial, ya sea el responsable de compras, de recursos humanos, de capacitación, de administración, o incluso asistentes o recepcionistas. Lo importante es crear una red interna de relaciones públicas que te permita ir abriendo las puertas para acceder a las personas que toman las decisiones de compra.

Siempre he recalcado que, como profesional de ventas y como comprador, el secreto del éxito son las relaciones públicas, tanto internas como externas. Mientras más relaciones hagas en una organización, tendrás más oportunidades para seguir desarrollando la cuenta.

Uno de los errores más frecuentes que suele cometer un profesional de ventas es que desde las primeras entrevistas quiere hablar con el responsable de tomar la decisión. Eso es muy grave, porque los aliados internos pueden llegar a sentirse desplazados e ignorados. Lo que hoy hace que las organizaciones tomen la decisión de compra es el conjunto de opiniones de la organización, no nada más la de una sola persona.

Si tienes muchos contactos adentro de la organización y si mantienes buenas relaciones con ellos, te será más fácil concretar mejores negocios.

Control para el asesor de ventas

- ¿Eres una persona enfocada en buscar soluciones?
- ¿Tus superiores y clientes te reconocen por tu capacidad para solucionar problemas?
- ¿Crees que tus clientes te consideran como alguien no problemático?
- ¿Eres capaz de apoyar a tus clientes en la solución de problemas?

- ¿Qué acciones puedes tomar de ahora en más para apoyar adecuadamente a tus clientes en la solución de problemas?

Control para el comprador

- ¿Tomas en cuenta el punto de vista de tus clientes internos para realizar una compra?
- ¿Ayudas a tus clientes internos a solucionar problemas más que a crearlos?
- Cuando tienes una dificultad con el producto o servicio que adquiriste, ¿te apoyas en tu proveedor para buscar la solución?
- ¿Investigas las referencias de los proveedores que te ofrecen algún producto o servicio?
- ¿Qué cualidades de tu mejor proveedor hacen que sigas siendo fiel a su producto o servicio?

Claves del capítulo

- Las personas buscan soluciones, no problemas, y eso es lo que quieren comprar. Para tener una amplia cartera de clientes, debes estar enfocado en ofrecer soluciones.

- El comprador siempre estará satisfecho con alguien que evite causar problemas de cualquier tipo, quien nunca se comprometa con algo que no tiene la garantía de poder cumplir y quien no lo involucra en conflictos internos de la empresa proveedora.

- En lugar de preocuparte por los problemas, ocúpate de resolverlos de la manera más conveniente para todas las partes.

- Conocer y emocionar al cliente es la fórmula del éxito comercial.

5

CAPÍTULO

Capacidad para investigar y conocer lo que compra la competencia

Esta habilidad fue considerada la última en importancia para los entrevistados, seguramente porque desde su experiencia se han encontrado con muchas personas que no son capaces de conocer la propuesta de sus proveedores. Sin embargo, no por ser la última en ponderación deja de ser importante, ya que investigar y conocer lo que compra nuestro cliente en la competencia nos podrá dar una mejor visión sobre las ventajas y beneficios que está interesado en adquirir.

Antes de seguir, me gustaría que evaluaras lo siguiente: ¿Sabes quién es realmente tu competencia? ¿Conoces quién se está llevando el dinero de tus clientes? En muchas ocasiones, cuando el cliente te dice que por el momento no requiere el producto o servicio que ofreces, significa que antes priorizó sus gastos y te intercambió por algo más que, con frecuencia, ni siquiera corresponde a un producto de tu competencia.

Ahora quiero compartirte algunos datos que seguramente serán de tu interés. Una persona que gana mil dólares al mes o más, destina el 60 % de sus ingresos solamente en vivir. Es decir, al pago de la hipoteca de su casa o de la renta, la luz y otros servicios, los alimentos, en fin, todos los gastos que implican el día a día.

¿Y en qué crees que invierte el 40 % restante de sus ingresos? ¡En lo que se le da la gana! Esto significa que las personas que caen en ese privilegiado rango tienen un poco más para invertir en diversos gustos, artículos de lujo para uso personal, placeres o caprichos y, bueno, siempre están las personas que ahorran una parte de ese dinero para los tiempos de vacas flacas.

Las personas que tienen ingresos menores a mil dólares mensuales aplican este rango de diferente manera. Los más afortunados pueden sostener un 50 % y 50 %, pero también hay quienes gastan hasta el 90 % de sus ingresos solamente en vivir. Por otro lado, las personas extremadamente ricas, gastan únicamente el 1 % de sus ingresos en vivir, y el resto lo destinan a lujos o lo invierten.

Ahora, pregúntate lo siguiente: ¿Sabes a qué sector de la población está dirigido el producto o servicio que ofreces? Cuando tu producto o servicio está considerado dentro de los artículos que son básicos para la vida cotidiana, como alimentos u otros productos domésticos, es mucho mayor la frecuencia con la que los clientes recurren a su compra y, por lo mismo, su venta se facilita.

Los productos y servicios que requieren de una mayor estrategia de venta son aquellos que están dirigidos al 85 % de las ofertas que hay en el mercado. Es decir, todos aquellos artículos y servicios que no son estrictamente necesarios y sin los cuales poodríamos vivir perfectamente.

En los zapatos del asesor de ventas

Es fundamental conocer en qué invierten tus clientes, ya que mientras más información tienes de su comportamiento, tu orientación será mucho más acertada.

Si tu cliente o prospecto está dentro del perfil de las personas que emplean el 40 % de sus ingresos en lo que ellos decidan, abórdalo rápidamente, o la competencia tomará ventaja. Por ejemplo, si vendes leche de vaca, ¿cuántas opciones crees que hay para seleccionar en el mercado? Muchas, en verdad. Si vendes galletas, ¿cuántas opciones crees que hay para seleccionar en el mercado? Muchas, también.

Si vendes fruta, lo mismo. Pero si vendes autos de más de 50 mil dólares, ¿cuántas opciones crees que hay para seleccionar en el mercado? Pocas, en verdad.

Si tienes la capacidad de investigar qué quieren comprar los que tienen el dinero y realmente conoces sus gustos y preferencias, entonces el prospecto o cliente te considerará un candidato a asesor de compras, no un vendedor más que solamente se interesa en su dinero.

Recomendaciones para el asesor de ventas

1. Investiga muy bien los hábitos de consumo e inversiones de tu cliente.

2. Descubre el talón de Aquiles del comprador, es decir, identifica lo que realmente quiere comprar.

3. Ofrécele al cliente exactamente aquello que sabes que quiere comprar.

4. Desarrolla una verdadera relación productiva y no te confíes.

5. Nunca abuses de la confianza de tu cliente.

6. Si cuentas con una red de informantes para conocer mejor a tus clientes, ocúpala de manera discreta.

7. Esfuérzate en descubrir qué es lo que al cliente le emociona comprar.

8. Deja de ser un despachador y conviértete en un verdadero asesor de compras.

En los zapatos del comprador

Es muy importante identificar la postura del vendedor. En muchas ocasiones, durante los primeros minutos de una entrevista podrás darte cuenta de qué tanto te conoce. Si ya eres cliente de la empresa que representa el vendedor, ten el doble de cuidado, ya que la línea de confianza puede hacerse más delgada y justo ahí es donde nacen los problemas.

Recuerda que en el 85% de los casos las ventas no se caen por deficiencias del producto o del servicio, sino por las siguientes razones:

a) Falta de compromiso.

b) Abuso de confianza.

c) Informalidad en las entregas.

d) Falta de seguimiento.

e) Poco compromiso con la empresa.

f) Incumplimiento en tiempo y forma.

g) Poca capacidad para resolver problemas por parte del vendedor.

Recomendaciones para el comprador

1. Haz de tu vendedor un asesor de compras.

2. Pide consejos y descubre quién es un aliado y quién es un bandido disfrazado de asesor.

3. Pon atención y recuerda que mientras más opciones tengas en la mesa, deberás ser más cauteloso y no solamente irte con el precio.

4. Haz que el vendedor sea un aliado en tu negocio y un guerrillero interno en la empresa que representa.

5. Induce al vendedor a que busque las mejores opciones para tu empresa.

6. Busca negociar desde una visión estratégica, no solo haciendo un perfil del vendedor.

Control para el asesor de ventas

- ¿Conoces en qué invierten tus clientes su dinero?
- ¿Sabes qué producto o servicio compran tus clientes a la competencia?
- ¿Conoces a qué sector están dirigidos los productos o servicios que vendes?
- ¿Conoces los diferenciadores que hacen que tu cliente te siga comprando?
- ¿Por qué razones crees que tus clientes te siguen comprando los productos o servicios que ofreces?

Control para el comprador

- ¿Pides consejos al asesor de ventas para realizar una mejor compra?
- ¿Has hecho de los asesores de venta tus aliados?
- ¿Eres capaz de negociar con el asesor de ventas para consguir mayores beneficios para tu empresa ?
- ¿Sabes diferenciar una inversión de un gasto?
- ¿Qué explicaciones usarías para argumentar que las compras que realizas son una inversión y no un gasto para la empresa que representas?

Claves del capítulo

- Cuando un vendedor conoce lo que ofrece la competencia va a encontrar el conocido FODA (fortalezas, oportunidades, debilidades y amenazas) de su producto frente a la competencia.

- Lo peor que le puede pasar a un vendedor es enfrentarse al mercado sin saber qué alternativas ofrece la competencia: precios, forma y tiempo de entrega, calidad del producto, etc. Cuando un vendedor conoce su competencia y tiene habilidad para comparar, aumentará su eficiencia y efectividad a la hora de argumentar la venta.

- Cuando un vendedor comprende contra quién está compitiendo, entonces tendrá más claro a quién hay que quitarle la rebanada del pastel.

- Un profesional de ventas debe identificar a qué tipo de sector está enfocado su producto para definir su estrategia de venta.

- Hoy en día, el 85 % de las compras se realizan de manera emocional y el 15 % con base en necesidades.

6

CAPÍTULO

Capacidad de interesarse verdaderamente en las necesidades del comprador

En opinión de los encuestados, esta habilidad ocupa el sexto lugar en importancia. Considero que este tema fue poco valorado debido a que, en muchas ocasiones, la ausencia de profesionalismo de un vendedor orilla a los compradores a hacer por cuenta propia la investigación sobre las ventajas y los beneficios de lo que están comprando. Sin embargo, yo considero que cuando el vendedor se interesa realmente en lo que el prospecto requiere comprar, la relación comercial no consistirá en una simple transacción, sino en una relación a largo plazo.

El interés genuino en otra persona no puede fingirse ni disimularse, es completamente auténtico y simplemente se siente o no se siente. Cuando un prospecto nota que en el fondo el vendedor no tiene ningún interés en él, excepto por su dinero, pierde el deseo de continuar con el negocio, porque, como bien sabes, a nadie le gusta tratar con personas a quienes no les preocupa en lo absoluto nuestro bienestar ni satisfacción con la compra.

Quiero compartirte una experiencia que tuve con un vendedor de automóviles que ilustra de una manera muy clara este tema. Este vendedor se presentó en mi oficina para mostrarme un automóvil que yo estaba considerando comprar. Él estaba muy interesado en darme a conocer las ventajas y beneficios tanto del auto como de la marca, y su discurso giraba en torno a esto. Sin duda alguna, hizo una demostración muy completa de los atributos del auto y me hizo el favor de negociar con su jefe directo una prueba de manejo.

Yo estaba gratamente sorprendido con el diseño, la potencia, el respaldo de la marca y todo lo que venía incluido en la compra del auto. Realmente me sentía muy atraído con la opción de compra. Pero había un problema, el vendedor hablaba y hablaba y seguía hablando, y en varias ocasiones yo quise comentarle algo o hacerle una consulta, pero en cuanto intentaba tomar la palabra, él me interrumpía para seguir hablando de las características del producto. Yo lo dejaba continuar y unos minutos más tarde intentaba nuevamente dialogar, pero nunca fue posible.

Terminamos la prueba de manejo y quedé muy satisfecho, realmente me convenció el automóvil. Pero aún no nos bajábamos del auto cuando el vendedor ya me estaba preguntando cómo iba a efectuar mi pago, en qué color iba a querer el auto, cuándo haría el depósito para apartar la unidad… En fin, muchas preguntas que son importantes para el momento del cierre de la venta, pero definitivamente estaban fuera de lugar para la etapa en la que nos encontrábamos. En el fondo, a este vendedor no le interesaba en lo absoluto conocer mis necesidades, lo que él quería era concretar la compra.

Finalmente, le dije al vendedor que me llamara una semana más tarde y que le tendría una respuesta. ¿Qué crees que sucedió? Pasaron ocho, nueve, diez, once, doce y muchos más días y el vendedor, que aparentemente estaba muy interesado en cerrar la venta, ¡nunca volvió a aparecer!

Esto me hace reflexionar sobre varias puntos al respecto:

- ¿El vendedor estaba realmente interesado en proporcionar una buena asesoría de ventas? No.
- ¿Le interesaba una relación comercial a largo plazo? No.
- ¿Sabrá quién es un prosumidor positivo? No.

- ¿Se interesó en las emociones que me generaron el auto y la marca? No.
- ¿Crees que en verdad estaba preparado para hacer una estrategia de ventas interesante? No.
- ¿Crees que su jefe estaría estresado por las ventas? Sí.
- ¿Crees que lo evalúan por resultados? Sí.
- ¿Crees que al final del mes lo evalúan por su rentabilidad? Sí.

Le sucedió como a muchos vendedores a quienes sus jefes mandan a la calle y les dicen: "Vendes o vendes". Y ellos: "Pero ¿a quién, jefe?". Y él: "Tú sabrás, ese no es mi problema, tú vende". Así se frustran en la calle, terminan agotados y con muy poco dinero de las ventas.

Al final, si yo decido comprar ese auto es por el poder de la marca, el modelo y el gusto de tenerlo, no por la gestión del vendedor, ya que eso no es vender, eso se llama despachar. Recuerda lo que dicen nuestros amigos de mercadotecnia: un cliente satisfecho te recomienda con siete personas, y un cliente insatisfecho te desprestigia con veintiún personas.

Mi intención es que eso nunca te suceda en las ventas, ya que, a quienes nos ha tocado vivir una situación de este tipo en algún momento de nuestra vida profesional, en verdad nos hace sentir mal ver la escena desde el otro ángulo, desde la perspectiva del comprador. Te invito a reflexionar este punto y a interesarte en los prospectos de manera genuina.

En los zapatos del asesor de ventas

Si quieres destacar en el mundo de las ventas, interésate por el prospecto y demuéstralo. No solamente se trata de impresionar con todo lo que sabemos del producto o servicio que ofrecemos. Muestra tus mejores habilidades y talentos para ser un verdadero asesor comercial, guiando al prospecto a que saque conclusiones por sí mismo.

Empieza a lograr pequeños pactos y compromisos por medio de una plática interactiva, nunca a través de un monólogo. Utilizar monólogos en el proceso de venta es una práctica del siglo pasado.

Logra que tu proceso de comunicación verbal y no verbal coincidan en todo momento. Revisa qué palabras debes ocupar con cada persona, ya que un error muy común en ventas es decirles lo mismo a todos, dejando de lado el hecho fundamental de que cada individuo es diferente.

Debemos tratar a la gente de manera personalizada. A cada prospecto le emocionan cosas distintas y ahí hay una gran magia que debes aprovechar para encontrar la verdadera empatía.

Recomendaciones al asesor de ventas

1. Interésate en el prospecto y demuéstraselo.

2. Aprende a escuchar más y a hablar menos.

3. Evita los monólogos y escucha lo que el prospecto tiene que decir.

4. A través de las preguntas adecuadas, identifica cuáles son las necesidades de tu prospecto o cliente.

5. Nunca te confíes. El que se confía en la relación con sus clientes está extremadamente expuesto a perderlos.

6. Recuerda que todos los clientes son importantes, pero algunos lo son más que otros.

7. A aquellos clientes que representan el 80% de tus

ingresos, demuéstrales mucho más interés, tenles más paciencia y atención.

8. Recuerda que hoy la jugada en las ventas consiste en:
   a) Descubrir
   b) Retener
   c) Potencializar la relación con los prospectos y clientes

En los zapatos del comprador

El interés, el respeto y la atención nunca deben quedar fuera de la negociación, ni por parte del vendedor ni mucho menos por parte del comprador. Así que mientras más interés tengan ambos en descubrir qué es lo que requieren del otro, será mucho más productivo el camino y generarán mejores prácticas comerciales y de compras.

A ti, como comprador, te invito a reflexionar si, en algunas ocasiones, por tener el poder del dinero y la decisión, no se te ha escapado alguna buena compra para la empresa que representas.

Recuerda que en las compras no gana el que habla más fuerte e impone sus ideas. La palabra "negociación" significa buscar un acuerdo. Llegar a un acuerdo es algo que conviene a todos en el mundo de las ventas, y no siempre tendrá que ser para bien, a veces también ponernos de acuerdo en lo malo significa negociación.

Recomendaciones al comprador

1. Procura tener buenas relaciones comerciales, de esta manera el vendedor será tu mejor aliado dentro de su propia empresa.

2. Interésate genuinamente por los demás y ellos se interesarán en ti.

3. Como comprador, tienes el dinero y, en muchas ocasiones, la capacidad de la decisión de compra, pero recuerda que los vendedores también pueden elegir si te quieren vender.

4. Pon atención en las acciones y emociones que proyectas a los demás.

5. Recuerda que en la negociación no solo es el más

gritón o el más rudo el que gana, sino el que tenga la mejor estrategia.

6. En ventas, la regla del "uno gana y otro pierde" pertenece al siglo pasado, ya que hoy la reflexión es la siguiente:

No importa si eres vendedor o comprador: nunca te levantes de una mesa de negociación con la sensación de no haber obtenido lo que querías. No cierres negocios perdedores.

Control para el asesor de ventas

- ¿Estás realmente interesado en las necesidades de tus clientes?
- ¿Eres capaz de escuchar a tus clientes?
- ¿Haces preguntas dirigidas a identificar las necesidades de tus clientes?
- ¿Es congruente tu comunicación verbal con la no verbal?

- ¿Qué preguntas claves te permitirían conocer a fondo las necesidades de tus clientes?

Control para el comprador

- ¿Te interesas en apoyar a tus clientes internos cuando realizas una compra?
- ¿Tus jefes y clientes internos confían en tus decisiones de compra?
- Cuando negocias una compra, ¿tomas en cuenta que ganen todas las partes involucradas?
- ¿Has perdido la oportunidad de adquirir un excelente servicio o producto por basar tu decisión de compra únicamente en el precio?
- ¿Por qué razones crees que tus clientes internos o jefes confían en tu labor de comprador?

Claves del capítulo

- Para conocer las necesidades de un cliente primero se debe tener interés por identificarlas.

- Cuando no se indaga sobre ellas, se terminan haciendo suposiciones que muchas veces están lejos de la realidad.

- Cuando un vendedor es lo suficientemente humilde para interesarse por lo que estará pensando la otra persona, comprenderá mejor las necesidades del comprador.

- Más que hablar, hay que saber escuchar. Así el comprador se va a sentir muy bien atendido y seguramente abrirá más oportunidades de negocio.

7

CAPÍTULO

Capacidad para influir, persuadir y motivar la compra

Esta habilidad obtuvo el tercer lugar de importancia para los encuestados. Comparto su opinión, ya que persuadir, influir o motivar hacia la compra son los mayores intereses que debe tener un profesional de ventas.

En mi experiencia, saber influir y motivar la compra nos permite desarrollar clientes permanentes, ya que ellos se dan cuenta de que el dinero no es el único interés, sino la posibilidad de generar una relación a largo plazo.

Cuando me encuentro con un vendedor profesional que tiene la capacidad de influir positivamente en la decisión de compra de algún producto, me siento en completa confianza y satisfecho con la decisión.

Contrariamente, cuando el vendedor no es capaz de distinguir la línea entre saber motivar la venta y ser un acosador del cliente o prospecto, la situación se torna realmente incómoda y molesta. Hay que saber distinguir entre la capacidad de influencia para concretar el cierre de una venta y la manipulación y el asedio, ya que sus principios son contrarios, así como sus resultados.

En muchas de las clases que imparto comento que entre más alta es la energía más alta es la ganancia. Es decir, la persona que logre proyectar más entusiasmo a la hora de abordar al cliente, la que sepa diferenciar entre problema y oportunidad, la que tenga la capacidad de motivar y emocionar el proceso de la compra, no de la venta, tendrá muchas más posibilidades de quedarse con el cliente.

En los zapatos del asesor de ventas

En ocasiones me invitan a importantes eventos para dirigir una conferencia o para impartir una clase frente a un grupo de ventas con la finalidad de motivarlos. Y siempre respondo que lo más que puedo ofrecerles es ayudarlos a reflexionar sobre las oportunidades que tiene su mercado, y las razones existentes para lograr mejores resultados y mayor rentabilidad.

Aunque los verdaderos motivos vienen de adentro y es responsabilidad de cada uno definir si lo que estamos haciendo es lo que realmente nos gusta hacer. Ninguna otra persona más que nosotros mismos puede convencernos.

De hecho, todos tenemos un termómetro interno que nos manda señales de manera continua sobre el grado de satisfacción que hay en las actividades que realizamos. A aquellas personas que no están haciendo lo que les gusta, se les refleja hasta en el cuerpo.

El problema de motivación en muchas personas que se dedican a las ventas está en que hacen lo que no les gusta. Y mientras más tiempo le dedican a la labor de ventas sin sentirse satisfechas, más crecerá la frustración y, desde luego, la falta de dinero.

Te invito a que respondas de manera muy honesta las siguientes preguntas:

- ¿Estás vendiendo lo que quieres vender?
- ¿Realmente quieres vivir de vender lo que vendes?
- ¿Estás obteniendo los resultados económicos que deseas?

- ¿Lo que hiciste ayer te acerca a tus metas?
- ¿Tus actividades de mañana te harán ganar más dinero?

Si tus respuestas a todas las preguntas son afirmativas, te felicito, eres uno de los afortunados que nunca se quedará sin trabajo, pues los buenos vendedores siempre tendrán ofertas.

Si solo contestaste afirmativamente algunas de las preguntas, vale la pena que reflexiones en lo que tienes que hacer y retomes el camino que ese "termómetro interno" te indica.

Pero, si a todas las preguntas contestaste negativamente, creo que tienes un gran reto frente a ti y necesitas replantearte tus deseos y motivaciones.

Si tienes una familia que dependa de tus decisiones, con mayor razón te invito a reflexionar, ya que conozco a muchas personas que, por la falta de claridad, estrategia, decisión y amor a lo que están haciendo, destruyen los sueños de sus familiares.

Mi deseo es que materialices todos tus sueños y puedas disfrutar de las bondades de la vida, sin lamentar lo que no supiste defender como profesional.

Recomendaciones al asesor de ventas

1. Enamórate de lo que vendes y no te engañes, si lo haces, estás engañando a tu cartera y a tus ingresos.

2. Interésate en buscar las mejores alternativas frente al cliente o prospecto, y cuando hayas logrado identificarlas, sube la energía y el entusiasmo, empieza a vender beneficios y cierra la venta.

3. No te dediques a motivar a nadie, ni esperes que alguien venga a motivarte; busca tus propios motivos y lucha por alcanzarlos.

4. Vuélvete un experto argumentando sobre tu producto o servicio, ya que, si tú no lo haces, la competencia lo hará.

5. Nunca bajes la guardia cuando tengas que hablar de lo que vendes, recuerda la fórmula de las 24 horas por los 365 días al año: trata de estar presente en la mente del cliente siempre, y así llegarán a ti más ventas y más cuentas.

6. Cuando logras desarrollar tu capacidad de influencia y convences al cliente de comprar lo que tú le estás sugiriendo, estás formando a un futuro prosumidor.

7. Si te muestras atento a las emociones que proyecta tu prospecto o cliente durante el proceso de una negociación, lograrás que visualice las ventajas que podría disfrutar si adquiere lo que le ofreces.

8. Para persuadir a tus clientes hacia la compra, tienes que estar muy bien afianzado en los beneficios y ventajas que ofrece tu producto o servicio frente a la competencia y, claro, saber argumentar.

9. Sé original a la hora de estar frente al cliente, ya que, si no logras cautivar y seguir en la mente del prospecto al menos por tres días, tu grado de impacto habrá sido muy pobre.

10. Cuando eres efectivamente persuasivo en el momento de la venta, no importa lo que vendas, estás listo para representar cualquier producto.

En los zapatos del comprador

Cuando un comprador no calibra al vendedor, es muy fácil quedar deslumbrado por sus palabras, ya que no tiene la capacidad de ver más allá de sus ojos y eso lo hace muy vulnerable en la negociación. Te invito a prepararte y estudiar cada día más para conocer las tendencias y los métodos de persuasión de la gente de ventas. En muchas ocasiones, los vendedores están mejor preparados que los compradores debido a que se encuentran en constante capacitación y actualización para ganar mercados.

Además, es común que en algunas organizaciones designen como compradores a colaboradores que han tenido un buen desempeño en su empresa, pero que no necesariamente tienen experiencia en la gestión de comprar.

Este binomio lo encuentro en muchas empresas en las que colaboro y, a la hora de entrevistarme con algunos amigos de compras, me percato que en lo único que sustentan su compra es en el precio. ¡Ser un buen comprador no solamente significa interesarse por el precio! Ser un buen comprador también implica motivar e incentivar a la contraparte a que busque las mejores opciones para invertir.

Un comprador debe encargarse de:

- Generar aliados.
- Desarrollar una estrategia.
- Lograr hacer pactos que sumen y multipliquen, no que resten y dividan.
- Convertir al vendedor en un verdadero aliado que le ofrece las mejores ofertas a los mejores precios.
- Desarrollar una visión a largo plazo con los vendedores profesionales que le convienen, no con aquellos con los que la transacción solo se sustenta en el precio.

Recomendaciones al comprador

1. Cuando consideres que un vendedor no cuenta con la capacidad de proyectar y creer en lo que vende, duda mucho de su producto.

2. Cuando tengas frente a ti a alguien que no es capaz de representar lo que vende, pero te interesa verdaderamente su oferta, pide en su empresa que te cambien de asesor o vendedor, para que realmente puedas disfrutar los beneficios del producto.

3. Si te encuentras con alguien que habla mal de su

empresa durante el proceso de la venta, duda de su palabra y no te fíes de su honorabilidad.

4. Si te das cuenta de que la motivación del vendedor no es muy alta, pide que te argumente solo los beneficios de sus productos, en lugar de intentar entablar una relación a largo plazo.

5. Si estás frente a un vendedor incapaz de argumentar su venta a través de ventajas y beneficios, ten cuidado, podría ser solo persuasión sin fundamentos.

6. Si la emoción del vendedor es muy baja, su estrategia será atacar por el lado del precio, así que aprovecha ese momento si en verdad estás interesado en adquirir lo que te ofrece.

7. Es común encontrarse con vendedores desesperados por lograr su cuota de ventas, y que solo quieren hacer que gastes, en lugar de ayudarte a invertir. Cuídate de este tipo de vendedores.

8. Desarrolla un buen sentido de alianza entre tu gestión y la del vendedor, ya que solo así podrás identificar las emociones del vendedor.

9. Al estar frente al vendedor, ten claro el objetivo de la reunión, ya que en muchas ocasiones el vendedor se convierte en un roba-tiempo. Y todavía más si es un vendedor con baja motivación que no tiene nada que aportar.

Control para el asesor de ventas

- ¿Te sientes motivado con la actividad que realizas y con los productos que vendes?
- ¿Sabes cómo influir en tu cliente para lograr la compra?
- ¿Conoces técnicas de persuasión que te ayuden a cerrar mejores ventas?
- ¿Sabes cuáles son las mejores estrategias para argumentar sobre tu producto?
- ¿Con qué acciones concretas crees que puedes mejorar para que tus clientes se sientan motivados a comprar los servicios o productos que vendes?

Control para el comprador

- ¿Logras motivar e incentivar al vendedor para que busque las mejores opciones para invertir?
- ¿Has logrado que te autoricen una compra importante por la excelente negociación que hiciste con el asesor de ventas?
- ¿Cumples con los acuerdos a los que llegas con el asesor de ventas?
- ¿Logras identificar cuando un vendedor es hábil en técnicas de persuasión, pero no tiene interés en tus necesidades?
- ¿Podrías mencionar tres maneras de conservar a un excelente proveedor?

Claves del capítulo

- Una persona motivada con la actividad que realiza y con los productos que ofrece, desarrolla una capacidad de influencia natural que le da un alto poder de convencimiento en los demás.

- Cuando un comprador se encuentra con un vendedor que tiene la capacidad de influir positivamente en su decisión de compra, le otorga su confianza y lo hace sentir satisfecho.

- La persona que tenga mayor energía es la que tendrá más fuerza en cualquier tipo de negociación.

- El entusiasmo es la energía más potente, por lo que sentirte emocionado y motivado por el producto que ofreces siempre será una herramienta de ventas muy valiosa.

- ¡Enamórate de lo que vendes!

8

CAPÍTULO

Capacidad para evitar involucrar problemas personales

Esta habilidad fue calificada como la penúltima en orden de importancia. Considero que fue valorada así porque los compradores están más interesados en ser atendidos y asesorados adecuadamente.

Quiero abordar este tema de manera muy puntual. Muchos profesionales no han logrado comprender que los aspectos que hay que mejorar en el trabajo, familia o en su persona, efectivamente, son personales, y no hay necesidad de involucrar a nadie más.

Un cliente o un prospecto no está obligado a padecer los problemas del vendedor: si vive lejos y el tránsito y las distancias no le permiten llegar a tiempo, si le falta dinero, si tuvo problemas de salud, si en su organización existen problemas internos o si desafortunadamente sufre el duelo por el fallecimiento de un familiar.

Cuando se atiende a un cliente correctamente y se cumple lo que se ofrece, la oportunidad de fincar una relación comercial se vuelve mucho más atractiva.

Recuerdo a una persona que me visitó porque me estaba ofreciendo un fondo de inversión. En la primera entrevista que tuvimos fue muy puntual y formal. En la segunda entrevista también, pero para la tercera ya no llegó puntual. Supongo que yo cometí un error al comentarle que estaba muy interesado y que había una gran posibilidad de que adquiriera el fondo. Entonces, el vendedor debe haberse confiado y creyó que eso le daba derecho a presentarse más tarde. Lo tuve que esperar una hora y, cuando por fin llegó, se justificó diciendo que vivía muy lejos y que el tránsito estaba terrible.

Quince días después concretamos la negociación y yo le dije al vendedor que tomara en cuenta que él no había realizado una venta, solo había despachado un producto. En realidad, la compra la hice sin su apoyo, pues contaba con el poder de decisión de adquirir ese producto en específico.

Los vendedores a veces no comprenden el valor del tiempo de las otras personas, así como tampoco parecen entender que el cierre de la venta empieza a gestarse desde el primer encuentro. Un vendedor profesional no necesita recurrir a pretextos porque siempre es puntual y formal, independientemente de la etapa de la venta en la que se encuentre y, sobre todo, sabe que sus problemas personales deben quedar fuera de su relación comercial. Por eso, si en algún momento requiero contratar otro fondo, solicitaré que me asignen a un ejecutivo distinto que entienda que sus problemas personales no son mi responsabilidad. Lo único que quieren los clientes es el producto o servicio en tiempo y forma y recibir un trato profesional.

En los zapatos del asesor de ventas

Recuerda que tu obligación como profesional de ventas es ser mejor cada día en tu actividad para convertirte en un verdadero Asesor Consultor de Ventas. Esto implica estar interesado en conocer las necesidades del cliente y asesorarlo para que las satisfaga, lo que, evidentemente, no incluye causarle problemas o involucrarlo en conflictos personales.

Lo que necesitan los clientes es velocidad y adaptación, y el asesor que lo comprenda mejor es el que obtendrá la relación comercial. Las oportunidades que hoy tienen los compradores en el mercado son muchísimas y, habiendo tantas opciones, ¿crees que el cliente va a preferir relacionarse con una persona informal y problemática? Desde luego que no.

Haz el mejor esfuerzo para acercarte a asesorar al cliente y deja a un lado todos los problemas, lo que el mundo de las ventas requiere son verdaderos profesionales que se comprometan con las acciones y actividades que proponen.

Aprende a diferenciar los problemas de tu cliente de los tuyos. Y si los problemas de tu cliente te involucran, entonces, como ya hemos mencionado en capítulos anteriores, deberás tener la disposición y capacidad para ayudarle a resolverlos.

Recomendaciones para el asesor de ventas

En el mundo de las ventas, se necesitan buenos consejeros, no largas juntas ni muchas reuniones. Para cerrar mejores ventas en menos tiempo es necesaria mucha concentración y focalización en los objetivos, por eso te sugiero que estés atento y dejes a un lado tus problemas personales antes de entrar a una entrevista.

1. Ten en cuenta que lo que quieren los clientes son mejores beneficios, más ventajas y establecer una buena negociación; y lo que menos quieren es que algo se interponga.

2. Si tienes o llegas a tener problemas personales con alguna persona dentro de la organización en la que colaboras, no hagas más grande el conflicto y deja de recapitular el pasado.

3. Si hoy tienes un nuevo contacto, un nuevo cliente o inclusive estás en un proceso de "reenamoramiento" con tus clientes para seguir vendiéndoles, deja a un lado los problemas y las diferencias del pasado.

4. Si has tenido problemas con tus propios compañeros, con tus jefes o con el equipo de ventas, no lo ventiles con el prospecto o cliente, porque vas a debilitar la marca y la credibilidad, no solo de una persona, sino de toda la empresa.

5. Si no estás convencido del producto o servicio que representas, busca otras alternativas. Cuando alguien no está satisfecho con lo que hace y no se siente un digno representante de la empresa ni de la marca que

vende, eso se proyecta, y el prospecto o cliente tendrá las mismas emociones y percepciones que tú.

6. Pero, si estás motivado con lo que haces, lo proyectarás de manera natural y ya no darás espacio a tu cabeza para pensar en problemas personales o de tu empresa.

7. Ten mucho cuidado, evalúa muy bien si lo que haces te gusta y te conviene; una vez que logres identificar lo que quieres, tendrás mayor proyección con el cliente.

En los zapatos del comprador

También las personas de compras tienen que estar muy atentas a dejar a un lado los problemas personales y de la organización.

A algunos vendedores nos ha sucedido que terminamos siendo consejeros personales del comprador, porque ocupan el tiempo de una entrevista para hablar de sus problemas. Sin duda, esta situación puede tener beneficios tanto para el comprador como para el vendedor, ya que se van fincando mejores relaciones interpersonales, pero en el fondo, ninguno de los dos estamos contratados para hablar de asuntos personales o de los problemas que se generan dentro de la empresa.

Evita mostrarte vulnerable con el vendedor y procura no mezclar tus asuntos personales con la gestión de compra, de otro modo, la entrevista no será productiva y te estarás alejando de concretar una mejor compra.

Estoy de acuerdo en que las relaciones interpersonales son muy valiosas en el proceso de las ventas, pero a veces me encuentro con compradores que terminan hablando de sus hijos, de sus problemas de salud, de sus problemas de dinero, de su falta de estrategia, etc., lo que los pone en una posición vulnerable en el momento de una compra o una negociación.

Es de gran importancia que el comprador tenga clara su función y se percate de que no necesita largas juntas poco productivas, sino evaluar muy bien el objetivo de la negociación y dejar los problemas personales para después.

Cuando un comprador tiene clara su función y lo que quiere lograr en una entrevista, el vendedor se va a enfocar en eso, y no buscará abarcar terrenos personales que son peligrosos para la relación comercial.

En mi experiencia, cuando un comprador se involucra con los problemas del vendedor, acaban siendo buenos amigos, pero no haciendo buenos negocios. Hay que tener claro que el único beneficio de la relación entre comprador y vendedor es la compra y venta de algún producto o servicio.

He llegado a enterarme de tantos problemas dentro de una organización que hasta me ha dado temor venderles, porque me hacen creer que puede haber riesgo de incumplimiento de pagos o de acuerdos.

Siempre es mejor actuar profesionalmente y demostrar dominio sobre el tema para hacer mejores negociaciones para la empresa que representamos.

Recomendaciones para el comprador

1. Deja todos tus problemas personales fuera de la organización.

2. Un comprador que mantiene la cabeza fría a la hora de una negociación será percibido como una persona más fuerte y digna de respeto.

3. Una cabeza que está enfocada en los problemas personales es más vulnerable en el momento de la compra.

4. Evita contar los problemas que hay en tu empresa.

A los vendedores no les interesa lo que esté pasando en tu organización. Si tú muestras y compartes esas historias, el vendedor encontrará la oportunidad de comprometerte con un próximo pedido.

5. Desafortunadamente, a los compradores les toca hacer el papel fuerte y ser la cara dura de la empresa en una negociación para lograr mejores precios y condiciones.

6. Ten mucho cuidado de no mostrar tu parte emocional. Si te encuentras con un verdadero Asesor Consultor de Ventas, la historia cambia, porque los profesionales deseamos tener una relación a largo plazo e interactuar más con el comprador. Pero si no es un profesional, puede ser contraproducente. Mejor enfócate en los temas que están sobre la mesa.

7. Te sugiero que los problemas de la empresa solamente se ventilen en la empresa, los demás no tienen que enterarse de lo que no les concierne.

8. Identifica muy bien los problemas que pueden presentarse en una negociación y no dejes que el vendedor te quite tiempo con sus problemas personales.

9. Concéntrate en solucionar problemas y no en crear problemas. Con esto me refiero a que te concentres en buscar las oportunidades para fomentar una mejor relación comercial y profesional con tus proveedores.

En una ocasión, después de impartir una conferencia, una mujer se me acercó para ofrecerme un complemento alimenticio que, según dijo, era fabuloso. Recuerdo que, de manera muy amable y cordial, me pidió una entrevista y yo accedí a recibirla en mi oficina, pues ella quería que me convirtiera en uno de sus clientes.

Cuando llegó, no era la misma persona que había conocido al final de mi conferencia. Su rostro estaba desencajado y parecía muy nerviosa. Me comentó que el día anterior la habían asaltado y que le habían robado su bolso.

A mí se me hizo fácil preguntarle cómo había sucedido y ella me contó, con lujo de detalles y entre lágrimas, lo que había pasado. Y no solo eso, también me contó que se sentía muy desdichada porque su vida no era fácil, su marido la había abandonado y tenía que hacerse cargo ella sola de su hogar y de sus tres hijos que estaban en la universidad.

Cuando me percaté del tiempo transcurrido, la señora seguía hablando de sus problemas y yo tenía programada otra entrevista. Desde luego, me pareció una historia conmovedora, pero no quedó tiempo para hablar de su producto y concretar una venta. Ella me pidió una segunda cita, desafortunadamente yo tenía compromisos de trabajo fuera de la ciudad y, aunque me volvió a buscar, ya no coincidimos.

Mi conclusión es que, aunque la mujer tuvo al prospecto frente a ella, quien además había manifestado interés por su producto, se enfocó tanto en sus problemas personales que no tuvo tiempo (y seguramente tampoco ánimo) para concretar la venta.

Muchas veces, a la hora de estar frente al prospecto o cliente, no optimizamos el recurso del tiempo y nos desviamos con mucha facilidad. Por esto te sugiero que como vendedor o comprador te concentres en lo que te lleva a la mesa. Es válido que los primeros minutos se ocupen para hablar de algunos temas personales, acontecimientos, clima, gobierno, etc., pero solo como una manera cordial de entrar en el proceso de la negociación.

Concéntrate en el tema que te ocupa, y que tu prioridad sean los resultados y la rentabilidad.

Sé amable con tus clientes, pero sin llegar a caer en los excesos de confianza. Recuerda que, en primera instancia, deseas entablar una relación de negocios y no de amistad.

Control para el asesor de ventas

- ¿Puedes dejar tus problemas personales a un lado cuando estás en una entrevista?
- ¿Evitas recurrir a tus problemas personales para justificar tus errores?
- ¿Has podido identificar alguna ocasión en la que no hayas concretado un negocio por escuchar los problemas personales de tu cliente?
- ¿Sabes distinguir el límite entre la amistad y la relación comercial con tu cliente?
- ¿Qué acciones imaginas que puedes llevar a cabo para evitar involucrar tus problemas personales en tus negociaciones?

Control para el comprador

- ¿Evitas contar problemas personales o de la empresa a tu asesor de ventas?

- ¿Eres frío y objetivo para negociar una compra?
- ¿Sabes cómo ponerle límites al vendedor cuando intenta involucrarte en sus problemas personales?
- ¿Qué acciones puedes llevar a cabo para delimitar tu relación con los proveedores sin mezclar asuntos personales?

Claves del capítulo

- En el área de ventas, la responsabilidad es una cualidad muy apreciada... A nadie le gusta arriesgar su dinero, y menos si va implícita la rentabilidad y resultados de una empresa.

- Todos hemos tenido problemas personales y sabemos que eso nos puede afectar emocionalmente. Pero estar pasando por una situación difícil no significa que involucremos a otras personas, y mucho menos a nuestros socios comerciales

- Siempre es más productivo tener trato con personas que saben hacerse responsables de sus asuntos personales y que cuidan el hecho de que esos problemas no interfieran en su desempeño profesional.

9

CAPÍTULO

Planeación de la venta

Esta habilidad fue calificada como la cuarta en orden de importancia. Sin embargo, a pesar de ser muy significativa, no puede ser el eje central de un vendedor. Muchos ejecutivos de ventas planean y planean y continuan planeando, y nunca ejecutan nada de lo que tienen en mente.

Hace años estuve estudiando algunos casos de negocios en España y observé que las diferentes corrientes consideran la planeación de la venta como el paso número uno, pero no debería ser así, antes hay algunos puntos que un verdadero profesional debe dominar.

Si decides darte la oportunidad de ir anotando de

manera consecutiva y por orden de prioridades los pasos a desarrollar para alcanzar tus metas, te auguro muchas más oportunidades de triunfar en las ventas.

Seguramente te llegan a la mente muchos ejemplos sobre lo que expongo, ya que tanto tú como yo hemos conocido a muchas personas que están llenas de buenas intenciones, pero muy pocas acciones concretas y verificables. Así que te invito a reflexionar si la planeación que estás realizando en este momento te acerca realmente a las metas que deseas lograr, y si es ese el camino que debes recorrer para convertirte en el profesional que aspiras ser.

En los zapatos del asesor de ventas

En el tema de planeación en ventas hay mucho material escrito. Los especialistas se han dedicado a investigar los pasos que se deben seguir para alcanzar las metas, pero la verdad es que son muy pocos los vendedores que lo ponen en práctica. Cada vez menos asesores de ventas se ocupan de trazar una ruta y mucho menos de crear planes de contingencia: los planes "B" de las ventas.

Estos vendedores son personas con muchas aspiraciones de conquista y muchas ganas de triunfar, pero poca capacidad de aterrizar la ruta ideal para lograr su sueño. A menudo se sienten frustrados y derrotados por la falta de motivadores de éxito que los impulsen a alcanzar metas de mayor nivel.

En la vida, no son suficientes las buenas intenciones, debemos tomar acciones que nos lleven a donde queremos ir. Una ruta de trabajo debe cubrir los siguientes elementos:

1. Medible
2. Comparable
3. Alcanzable
4. Evolutiva
5. Suficientemente buena
6. Viable
7. Aterrizada
8. Cuantificable
9. Cualitativa
10. Clara
11. Específica
12. Que motive

Si tú logras desarrollar una planeación de ventas donde se incluyan estos elementos indispensables, estás frente a una maravillosa oportunidad: ver con más claridad la meta. Pero si tu plan no los incluye, te será muy difícil lograr cualquier cosa.

Además de los elementos mencionados, un plan de trabajo debe cubrir las siguientes características, sin las cuales cualquier esfuerzo estará destinado al fracaso:

1. Que sea divertido.
2. Que signifique un reto para ti.
3. Que vaya de acuerdo con tus valores, deseos y metas.
4. Que te entusiasme y te cause expectativa.
5. Que puedas ver cómo cada minuto tus acciones te acercan a tu meta.
6. Que todo en tu día a día pueda sumar y no restar al plan original.
7. Que esté basado en el gran secreto de la vida: amor por lo que haces.

Si tú logras ser honesto contigo mismo y filtrar en tu mente y en tu corazón estos siete elementos, te aseguro que serás un triunfador en lo que haces. Y, por cierto, dejarás de trabajar, ya que cuando uno hace lo que realmente le apasiona, el trabajo deja de existir y se vuelve diversión.

Recomendaciones para el asesor de ventas

Para realizar un plan de trabajo
1. Escribe una meta que quieres alcanzar en materia de ventas.

2. Escribe los pasos para lograr esa meta.

3. Prioriza los pasos en una escala donde: el número uno es el más importante y el diez el menos importante.

4. Al lado de cada paso, escribe una nota sobre qué tan importante es que se cumpla, utilizando solo dos palabras: urgente o importante.

5. Revisa los recursos que necesitas tener para lograr ese plan comercial.

6. De esos recursos que necesitas, evalúa con cuáles cuentas y cuáles debes obtener.

Para cerrar las ventas
1. Muéstrate como un verdadero profesional cuando estés frente al cliente.

2. Preséntale al cliente un plan que le permita conocer los pasos a seguir en la venta.

3. Por más pequeña que sea la venta, haz una planeación de venta y de entrega.

4. Ratifica por escrito con el cliente lo que le ofreciste durante el proceso de venta.

En los zapatos del comprador

Cuando un comprador se da el tiempo de planear sus compras, hará investigaciones más profundas y eso reducirá la posibilidad de que se cometan errores.

¿A qué errores me refiero? A no tener en tiempo y forma los requerimientos de los clientes internos, por ejemplo. Ya que en muchas ocasiones puede llegar a obstruirse la cadena de productividad para lograr entregar los productos o servicios pactados.

Si tú como comprador te das el tiempo de conocer las necesidades de tus clientes y planear las compras, tendrás mayores oportunidades de lucirte en tu trabajo y, claro, de seleccionar con mayor objetividad al proveedor ideal.

Me he encontrado con muchas personas en el área de compras cuyas acciones distan mucho de lo que su cliente interno necesita. Este tipo de situaciones ponen en evidencia problemas de comunicación interna, así como falta de involucramiento de las dos partes. Y eso es resultado de la falta de planeación de compras.

Si no cuentas con un plan de compras para tus próximas reuniones y negociaciones con proveedores, te invito a que te sientes unos minutos y realices una lista de las cosas que son más importantes para ti y para tu empresa. Si no eres experto en lo que te han pedido que investigues y compres para algún cliente interno, convoca a las personas que dominen las especificaciones y requerimientos de lo que se necesita a participar en las reuniones con el proveedor. Eso te ayudará a tener a tiempo las cotizaciones que necesitas para tomar decisiones.

Recomendaciones para el comprador

1. Planea de una manera muy específica todo lo que necesitas comprar.

2. Desarrolla una ruta de trabajo con los tiempos bien definidos, para que, al cerrar la compra, el vendedor se ajuste a tus necesidades.

3. Revisa muy bien las especificaciones, y haz que el vendedor ponga por escrito los acuerdos a los que han llegado durante las entrevistas.

4. Realiza reuniones periódicas de requerimientos con tus clientes internos para hacer un inventario de sus necesidades. Esto te dará tiempo para investigar.

5. Antes de decidir hacia cuál proveedor inclinarte, tómate el tiempo necesario para investigar sobre la empresa que te brindará el servicio.

6. Investiga los antecedentes del proveedor, ya sea en su misma empresa o en otras empresas donde haya prestado servicios.

7. Si tienes un tiempo determinado para recibir el servicio, sé muy claro desde el principio de las entrevistas para que el proveedor se comprometa a entregar.

8. Si tienes que seleccionar entre varios proveedores, con más razón te recomiendo hacer una planeación de compras.

Control para el asesor de ventas

- ¿Planeas adecuadamente tus visitas con los clientes o prospectos?

- ¿Te administras para dar seguimiento a todos tus clientes o prospectos?
- ¿Tienes claros tus objetivos como asesor de ventas?
- ¿Tienes definidas las metas que quieres alcanzar a corto y largo plazo?
- ¿Qué acciones medibles te acercan a alcanzar o rebasar tu cuota de ventas de este mes?

Control para el comprador

- ¿Existe una planeación de compras en tu empresa?
- ¿Generalmente te ajustas a los gastos que tienes programados?
- ¿Al comenzar cada semestre conoces las necesidades de compra de la compañía?
- ¿Haces reuniones periódicas para conocer las necesidades de tus clientes internos?
- ¿Qué acciones puedes llevar a cabo para planear mejor tus compras?

Claves del capítulo

- La planeación de las ventas constituye la estrategia que define el rumbo y da sentido a todas las actividades y acciones en el proceso de venta.

- Cuando tienes claramente identificado a dónde quieres llegar, en cuánto tiempo y con qué recursos, los resultados y la rentabilidad serán mayores.

- Antes de entablar cualquier tipo de relación comercial, define un plan estratégico que vaya enfocado a alcanzar tus metas.

10

CAPÍTULO

Servicio post-compra

Según la opinión de las personas encuestadas, el servicio post-compra ocupa el sexto lugar en orden de importancia, ocupando el mismo lugar que la capacidad para interesarse francamente en el otro.

Por los comentarios de los entrevistados, podemos darnos cuenta de que, en muchas ocasiones, los vendedores que realizaron la primera venta no hicieron su mejor esfuerzo por impresionar a los clientes, así que el servicio post-compra no les generó mayor interés.

En mi opinión, el servicio post-compra es uno los diferenciadores más importantes entre un vendedor que solo toma pedidos y un Asesor Consultor de Ventas.

En los zapatos del asesor de ventas

Como he mencionado durante mis cursos, en el servicio de post-compra es donde los clientes se dan cuenta de quién es realmente un profesional de ventas.

Durante el proceso de atención al cliente, muchos asesores están muy pendientes de sus necesidades, se presentan de manera puntual en las entrevistas y tratan de llamar su atención en todo momento: mandan sus propuestas de manera oportuna, buscan que todos los acuerdos se cumplan; en fin, demuestran su deseo de satisfacer y enamorar al comprador.

Sin embargo, en muchas ocasiones, después de cerrar o concretar la venta, los vendedores de bajo calibre nunca más se vuelven a aparecer frente al cliente que ya cautivaron. Por lo que te invito a reflexionar sobre este tema, ya que el profesionalismo de un verdadero asesor se enfoca en mantener la relación con el cliente que tanto trabajo le costó.

No importa si el tipo de venta es de una sola transacción, ya que, si el cliente queda satisfecho, te podrá recomendar con otros prospectos e irás creando una red de contactos y prosumidores de tu empresa.

Fomenta las relaciones con aquellos clientes que ya hayas conseguido. En la prospección es mucho más fácil lograr mejores resultados con aquellos clientes que en algún momento ya habían confiado en ti y te entregaron su dinero a cambio de tu producto.

La prospección comúnmente se va haciendo de boca en boca a través de los que están a favor de lo que vendes. Y esto sin que tú tengas que intervenir de ningún modo que no sea comportándote como un verdadero profesional.

Recuerda que un prosumidor es ese vendedor que no recibe dinero a cambio, pero que se la pasa hablando de lo bien que le fue con tu producto y en cualquier momento le contará a algún conocido sobre las experiencias de compra que logró entablar contigo.

Si tú no estás presente, y solo apareces cuando el cliente te requiere, no tendrás derecho a ser recomendado por él. Una de las grandes oportunidades como profesional de ventas es desarrollar una serie de cortesías con el cliente que te permitan estar en su mente de manera frecuente, para que, cuando él considere consumir los productos que tú vendes, piense en ti como primera opción de compra.

Estar cerca de los clientes en el servicio de post-compra te permitirá saber qué tan satisfechos quedaron con la compra que le hicieron a tu empresa. Además, podrás sondear y evaluar qué tanto les sirvió lo les vendiste. Y, de este modo, entrar en un maravilloso círculo de mejora continua.

Pregunta a tus clientes qué opinan de tu servicio con preguntas como estas:

- ¿Qué tan satisfecho quedó con la compra que realizó?
- ¿El producto o servicio cumple con lo que esperaba?
- ¿Qué podría mejorar la siguiente vez que le ofrezca mis productos?
- ¿Qué elemento le pareció definitivo para tomar la decisión de compra?
- ¿De qué manera usted cree que podría mejorar mi proceso de asesoría con los clientes?

Recomendaciones para el asesor de ventas

1. Prepara una ruta de trabajo (yo le llamo "ruta de mantenimiento de clientes"), que consista en destinar en tu agenda un día al mes para realizar entrevistas a clientes que ya te han comprado, saludarlos y preguntarles si requieren tus servicios. La intención de estas entrevistas es hacerte presente en sus mentes.

2. Si vendes productos de consumo frecuente, es lo más conveniente destinar más de un día al mes al mantenimiento de clientes, inclusive cada ocho días.

3. Si te das unos minutos para escuchar las emociones de tus clientes, ellos te estarán muy agradecidos por tu interés en su satisfacción.

4. Cuando tengas tiempo para los clientes fieles, ellos serán fieles a ti.

5. Si te das a la tarea de mantener la relación con un cliente, y tu acercamiento es cauteloso, sin abrumarlo todos los días, él también será muy cauteloso al pedir lo que necesita.

6. El servicio de post-compra te permitirá evaluar la verdadera utilidad de lo que vendes y así crear una red de prosumidores activos.

7. Si te interesas genuinamente en el bienestar de tu cliente, él lo sabrá recompensar.

En los zapatos del comprador

Crear una red de socios estratégicos para tu negocio es una de las satisfacciones profesionales más enriquecedoras. En muchas ocasiones, saber estar cerca de la empresa que es tu socio te permitirá tener las primicias en las ofertas que esa empresa ofrezca, o bien, conocer primero las innovaciones que desarrolle para el mercado.

Cuando un comprador interactúa con sus vendedores, tiene la oportunidad de acceder a una red de empleados indirectos trabajando para que él. Así, sus clientes internos tendrán lo mejor a los mejores precios y en las mejores condiciones de entrega.

Si entrenas al proveedor, lo capacitas en lo que requieres, lo informas de las novedades de tu empresa y lo involucras en el crecimiento de tu negocio; obtendrás una serie de beneficios cualitativos y cuantitativos que te ayudarán a consolidar mejores resultados comerciales. Busca de qué manera puedes desarrollar una relación de post-compra por parte de tu empresa, identifica los puntos a mejorar e invierte tiempo en el desarrollo de tu socio.

Cada vez me encuentro con más empresas y ejecutivos preocupados por crear redes de socios que trabajen en favor del crecimiento de su empresa. ¿Hasta dónde estás interesado tú en crear socios de negocios? ¿Cuántos de tus proveedores actualmente podrían ser o son tus socios de negocios? ¿Qué estás haciendo para seguir comprometido cada día más?

Recomendaciones para el comprador

1. Agenda eventos de retroalimentación con cada uno de tus vendedores. Es una gran oportunidad para conocer sus opiniones respecto a los procesos y hacerlos sentir escuchados y valorados.

2. Investiga con tus clientes internos si las compras que estás realizando para ellos realmente los satisfacen.

3. Busca que los vendedores o proveedores interactúen con el cliente interno para que conozcan las ventajas y beneficios de aplicación de lo que tú compraste para ellos.

4. Al acercar a tus clientes y proveedores, podrás identificar los puntos a mejorar para las próximas negociaciones e ir creando una red de prosumidores trabajando para tu empresa.

5. Presenta a tus proveedores el plan maestro que te rige en la toma de decisiones, oportunidad de crear proveedores fieles al proceso de tu empresa.

6. Cuando incluyas a los proveedores en las juntas de mejora continua de tu organización, tendrás más ojos buscando mejores prácticas de negocio y, por lo tanto, de ventas.

En lo personal, agradezco mucho a mis clientes cuando, después de años de atenderlos, me permiten proponer los temas en los que puedo ofrecer entrenamiento al personal de su negocio. En muchas ocasiones, me han llegado a compartir el presupuesto, las tendencias, los puntos sobre los que van a trabajar para el siguiente año fiscal y hasta me permiten hacer sugerencias en materia de desarrollo comercial.

Considero que esta confianza y la oportunidad de concretar muy buenos negocios, se ganan al estar presente con los clientes en las buenas y en las malas. Así que te invito a desarrollar un plan de servicio de ventas y post-compra con los clientes que son fieles a tu empresa.

También existen experiencias poco afortunadas de servicio post-compra. Por ejemplo, en los últimos años he sido prosumidor de una marca de automóviles que tiene muchos años en México, pero, en mis últimas compras nunca hicieron una pequeña entrevista conmigo para ver qué opino de sus productos.

Lamento mucho haber decidido ya no comprar su marca, pues, aunque con respecto a su tecnología me tienen muy satisfecho, su servicio post-compra deja mucho que desear. ¿Por qué debería seguir siendo fiel a su marca si ellos no saben quién soy? Quizá están muy preocupados buscando cómo conseguir nuevos clientes, en lugar de orientar sus esfuerzos a los clientes que ya tienen.

Por esta razón, y muchas otras, los japoneses ocupan hoy los primeros lugares en la venta de automóviles. Ellos no diseñan sus autos para su uso propio, sino que los diseñan los mismos clientes que aman sus marcas. Eso es crear fidelidad comercial y quedarse con el dinero de los clientes. ¡Eso sí es vender!

Control para el asesor de ventas

- ¿Consideras que el servicio post-compra que ofreces es el que tus clientes necesitan?

- ¿Apoyas a tu cliente incluso después de la compra?
- ¿Pides opinión a tus clientes sobre la satisfacción del producto o servicio?
- ¿Llamas con frecuencia a tus clientes para crearles nuevas necesidades?
- ¿Qué acciones puedes poner en práctica para potenciar la cuenta con un cliente?

Control para el comprador

- ¿Te reúnes con frecuencia con tus proveedores para hacerles notar sus áreas de mejora?
- ¿Evalúas la satisfacción de tus clientes internos después de que realizaste una compra para ellos?
- Cuando no quedas satisfecho con el producto o servicio que recibiste, ¿informas al proveedor para que te asesore de manera adecuada?
- ¿Alguna vez has tenido que prescindir de un proveedor por la falta de servicio post-compra?
- ¿Qué acciones puedes poner en práctica para conocer el nivel de satisfacción de tus clientes internos?

Claves del capítulo

- El proceso de venta no termina con el pago del producto o servicio.

- Un cliente de una sola venta se puede conseguir fácilmente, pero un cliente permanente requiere de un mayor esfuerzo.

- La clave para lograr clientes permanentes es garantizar su satisfacción y estar presente en su mente.

- El servicio post-compra permite mantener el contacto con el cliente y recibir retroalimentación del producto o servicio para mejorar continuamente.

2

SEGUNDA PARTE

El valor de la forma en un
negociador profesional

Un Asesor Consultor de Ventas que
no demuestra en su trato y en su
presentación toda su experiencia
y conocimientos, no logrará ascender
al siguiente nivel. Lo mismo para
un comprador. Parte de ser un buen
negociador es ser capaz de demostrar
que lo eres.

11

CAPÍTULO

La imagen que proyectas

Esta habilidad ocupa el cuarto lugar de importancia para las personas entrevistadas, constatando que la imagen personal tiene un valor muy alto en el proceso de la venta.

La imagen transmite información de manera no verbal, habla mucho de la persona e influye de manera determinante en la primera impresión. Una imagen positiva ayuda a establecer el escenario para el éxito de la negociación, mientras que una imagen negativa puede resultar en pérdidas de ventas y fracasos. En otras palabras, la imagen que proyectas determina el deseo de los clientes de asociarse contigo y con tu producto.

Tu imagen es la suma de muchos factores no verbales: la confianza, la voz, la ropa, la postura, los modales y el estilo de comunicación. En los países desarrollados, cada vez se le da más peso a la imagen. No solo los políticos y estrellas del espectáculo utilizan los servicios de asesoría de imagen, también las organizaciones sin fines de lucro, los vendedores y la gente de negocios cuentan con consultores de este tipo.

Los consultores en imagen son profesionales con preparación en psicología, marketing y ciencias sociales, cuyos servicios son muy amplios y van desde cómo vestirse hasta cómo elaborar un discurso, incluyendo las relaciones interpersonales.

Sin embargo, y aunque es un requisito fundamental, no podemos reducir el mundo de las ventas a la imagen, como lo comprueban los resultados de las entrevistas realizadas para los fines de este libro. Un negociador profesional requiere de muchos otros elementos y habilidades no visibles para desempeñarse exitosamente en los negocios.

Un dato muy interesante es que, en el proceso de comunicación, la atención que se presta a las palabras representa el 7%, mientras que la voz ocupa el 38%. Por su parte, la imagen influye un 55%. Es decir, ¡nuestra imagen comunica mucho más que nuestro discurso!

Por lo tanto, si el mensaje que se expresa por medio del lenguaje no verbal es congruente con lo que se dice, va a generar credibilidad y confianza en nuestros clientes y, muy posiblemente, eso se convertirá en una venta.

Imagina la siguiente situación. Un Asesor Consultor de Ventas llega con el cliente y, en el momento de presentarse, se da cuenta de que tiene el pantalón arrugado porque tuvo que permanecer mucho tiempo sentado en el auto. Un pequeño detalle como este impacta en su estado de ánimo y lo hace sentir inseguro e incómodo, lo cual se refleja en su actitud, y termina por transmitírselo al cliente. Cuando el vendedor le da la mano para saludarlo, su apretón es débil y nervioso. ¿Qué impresión crees que cause este vendedor en el cliente?

Sin duda lo percibirá como alguien inseguro y débil, lo cual le generará desconfianza, indiferencia e incluso podría pensar que le falta conocimiento sobre el producto que ofrece. Así, un simple detalle en la imagen del vendedor se convertirá en una desventaja para concretar una venta.

Definitivamente, la imagen que proyectamos no solo comunica algo a las personas con las que interactuamos, también influye directamente en la manera en que nos percibimos a nosotros mismos, y en lo que reflejamos a partir de esa percepción.

Ahora, me gustaría que recordaras un día en que hayas estado muy satisfecho con tu apariencia: ¿Cómo te sentías? ¿Cómo era tu comportamiento con otras personas y cómo te trataban? Seguramente te sentías seguro y valorado y, por lo mismo, el trato de las otras personas era más favorable. En cambio, si has tenido un día en el que no te sientes conforme con tu apariencia, tu ropa no te agrada o simplemente la imagen que reflejas en el espejo no te hace sentir bien, esa misma energía estarás proyectando en las demás personas.

Cuando dos personas se conocen, la imagen física envía una serie de códigos de comunicación que el cerebro recibe en cuestión de segundos. Basándose en esos códigos, ambas personas conforman un juicio sobre el nivel socioeconómico y académico de la otra, la preparación cultural y la pulcritud personal, entre otros factores. Así se genera la primera impresión de una persona.

Por lo general, esta primera impresión perdura para siempre y, dependiendo de ella, se desencadena determinado comportamiento, que puede ser favorable o desfavorable. Recordemos que, en nuestra sociedad, como nos ven nos tratan. Lo que en el lenguaje de las ventas se traduce en: como nos ven nos compran.

Tu apariencia debe ser acorde a la compañía donde trabajas, al tipo de actividad que desempeñas, al lugar donde vives, etc. Y, mientras más congruente hagas tu imagen con respecto a la de la empresa que representas, podrás lograr un mayor impacto profesional. Nuestra imagen expresa el respeto que sentimos hacia nosotros mismos y hacia los demás. Y aunque no existe una forma correcta o incorrecta de vestirse, sí existe una forma apropiada de hacerlo.

Por último, en el campo de las ventas, el apretón de manos suele ser el primer contacto físico entre asesor y cliente o prospecto y, con bastante frecuencia, suele ser el único. Este tipo de contacto puede comunicar seguridad, interés y poder; o, por el contrario, retraimiento, reserva, indiferencia y debilidad.

En los zapatos del asesor de ventas

El cliente está buscando congruencia en las palabras y acciones del vendedor, porque trata de identificar si es confiable. Las expresiones faciales proporcionan la mejor prueba. Si existe un entusiasmo continuo por el producto que se ofrece, se registrará en la expresión facial.

La sonrisa es una de las expresiones más agradables, ya que en los momentos apropiados transmite cordialidad. Las sonrisas intermitentes disparan emociones positivas dentro de cada persona y estas se transfieren a los demás. Se ha escrito mucho sobre el tema de la importancia de la imagen y muchas personas se han dedicado a investigar sobre ello, pero pocas veces se cuestiona qué es verdaderamente lo que proyectamos a otras personas con nuestra imagen. Por lo que me gustaría que te preguntaras: ¿Qué sensación crees que tengan tus clientes o prospectos cuando te ven por primera vez? ¿Crees que tu imagen coincide con la empresa que representas?

Un ejercicio que te resultará muy favorable es pedirle a alguna persona de tu confianza que te dé su opinión franca sobre la imagen que proyectas. De pronto puede resultar difícil hacerlo, pero te va a servir como retroalimentación para trabajar en tu imagen y, desde luego, mejorar tus resultados.

Si la imagen que proyectas corresponde a la empresa que representas, la marca y el producto que vendes, entonces estás haciendo coincidir la marca personal con la marca de la empresa. Y eso es extraordinariamente favorable en el ámbito de las ventas.

Recomendaciones para el asesor de ventas

1. Vístete para el trabajo que deseas, no para el que tienes.

2. Tu imagen debe ser congruente con tu talento y tus capacidades.

3. El equilibrio entre ser y parecer nunca debería olvidarse.

4. Mantén coherencia entre: apariencia en general, indumentaria, gestos y voz (tono y modulación).

5. Recuerda el poder de la primera impresión. Ten especial cuidado con tu presentación la primera vez que visites un cliente

6. Durante el primer contacto, nunca olvides el saludo y hacer una breve presentación para que el cliente sepa quién eres.

7. El saludo de beso en la mejilla está restringido a clientes con quienes hay familiaridad, siempre que ellos hayan dado pie a esa cercanía.

8. Sé muy respetuoso. Los excesos de confianza pueden intimidar o molestar.

9. Al saludar, estrecha la mano con firmeza, sin apretar excesivamente, mirando a los ojos, con una ligera sonrisa y expresión de agrado.

10. Dejar la mano floja o apretar solo los dedos, denota falta de ánimo e inseguridad y genera desconfianza.

11. Por el contrario, apretar con fuerza excesiva o adelantar el tórax con gesto invasivo, transmite una intención de dominación, intimidación y superioridad.

12. Trata de forma personalizada al cliente, utilizando su nombre a lo largo de la conversación, pero sin abusar de ello.

13. Para una imagen elegante y clásica es combinar prendas de cuadros, rayas y dibujos con otras de colores lisos, por ejemplo, camisa a rayas con corbata lisa del color de las rayas.

14. En el caso de los caballeros, el puño de las mangas de la camisa debe llegar hasta la muñeca y no sobrepasarla (la manga de la chaqueta debe ser un centímetro más corta).

15. Los hombros de la chaqueta deben encajar perfectamente en su sitio, porque si exceden y caen, transmiten apatía y falta de empuje.

16. Los calcetines son una "extensión" del zapato y no del pantalón, por lo que el color deberá ser el mismo que el del calzado, aunque es más elegante que coincida el de las tres piezas.

17. Si anhelas conocer las alturas del éxito en las ventas, debes vestir siempre a la altura, sin importar el producto o servicio que vendas.

18. Si deseas ser un vendedor de alto rendimiento, no puedes darte el lujo de ir por el camino con un rostro que denote amargura, enojo o tristeza.

Es importante que hagas una reflexión sobre los valores que deseas transmitir (profesionalismo, seriedad, creatividad, confianza, etc.) para que los códigos estén en la misma línea y sean armónicos. El acto de la venta es de por sí complejo, como para que además tú mismo te lo dificultes por no darle importancia a tu imagen personal.

En los zapatos del comprador

Cuando un comprador logra hacer coincidir la marca que representa con la imagen que proyecta, el impacto visual es mucho más profesional.

Yo siempre he creído que, así como hay empresas que tienen un manual de bienvenida o un manual de políticas y procedimientos, también debería existir un manual de la imagen que deben proyectar sus colaboradores.

Debemos comprender que las personas somos mucho más que los muros, los muebles, o las máquinas de una empresa, somos su verdadera imagen.

Utiliza las recomendaciones de imagen para el asesor de ventas que creas que pueden ser útiles también para ti.

Control para el asesor de ventas

- ¿Identificas cuál es el estilo de vestir del trabajo al que aspiras?
- ¿Seleccionas la ropa que usarás dependiendo del tipo de actividades que tendrás o de la persona con quien te entrevistarás?
- ¿Tratas de encontrar un equilibrio entre la forma en que luces y la forma en que hablas?
- ¿Evalúas la imagen del comprador para identificar la manera de conducirte con él?
- ¿Qué cosas harás de ahora en adelante para cuidar tu imagen ante un cliente o prospecto?

Control para el comprador

- ¿Cuidas que tu imagen sea congruente con tus acciones y manera de pensar?
- ¿Equilibras tu imagen con tus palabras y tus acciones?

- ¿Conoces la opinión que tienen todos tus clientes internos sobre tu imagen?
- ¿Crees que tu imagen genera confianza en tus clientes internos y proveedores?
- ¿Qué cosas cambiarías de tu imagen para lucir más profesional?

Claves del capítulo

- Cuando proyectas todas las capacidades que hay dentro de ti y eres congruente con el fondo y la forma, creas una imagen de confianza comercial.

- La imagen transmite mucha más información de la que puedes imaginar; procura usarla siempre a tu favor para que lo que transmita tu apariencia sea para tu propio beneficio.

- Recuerda que la primera impresión es perdurable y con base en ella las personas que nos conocen se forman un juicio que se mantendrá por el resto de la relación.

12

CAPÍTULO

El poder
de la actitud

En ventas, la actitud tiene una fuerza sorprendente. Por algo las personas encuestadas la posicionaron en el primer lugar en orden de importancia de las habilidades que debe tener un vendedor profesional. La actitud fue un elemento con un gran peso debido a que es el reflejo de nuestro estado emocional. Podremos poseer todas las habilidades, talentos y competencias de un gran vendedor, pero sin una actitud positiva, de nada sirven, porque entonces uno se convierte en su propio saboteador.

Me gustaría compartir contigo la enorme enseñanza que me transmitió un profesor oriental, mientras estaba de visita en Cantón, una ciudad al sur de China.

Primero, observa bien el espacio donde te encuentras. No importa si es tu oficina o casa, un tren o un avión. Ahora, con tu imaginación traza en el piso una línea amarilla partiendo a la mitad el espacio donde estás. Dale diez centímetros de grosor a la línea. Mientras más intenso sea el amarillo, mejor para el ejercicio.

Muy bien, pues esta raya amarilla representa la frontera de la decisión. De un lado se encuentra tener que hacer las cosas y, del otro lado, querer hacer las cosas. Todos tenemos la capacidad de decidir de qué lado estar.

Aquí entra en juego la voluntad, que es la capacidad diaria de elegir en todo momento y en cualquier situación de qué lado de la raya estar: solo tú decides si *tienes* o *quieres* hacer una cosa. Lo más importante que me enseñó este sabio maestro es que todos tenemos la habilidad de movernos a muy alta velocidad entre un lado y el otro de la raya. Déjame ponerte algunos ejemplos.

- ¿Tienes que ir a tu casa o quieres ir a tu casa?
- ¿Tienes que ir al trabajo o quieres ir al trabajo?
- ¿Tienes que salir a vender o quieres salir a vender?
- ¿Tienes que trabajar en esa empresa o quieres trabajar en esa empresa?
- ¿Tienes que estar con esa pareja o quieres estar con ella?

- ¿Tienes que ser un comprador o quieres ser un comprador?

Ahora que has comprendido la importancia de hacer este ejercicio y la gran diferencia entre tener y querer, te acabas de ahorrar un viaje a China y muchas horas de análisis. Decía San Agustín: "Ama y haz lo que quieras". Yo le agregaría: "Pero, de verdad, hazlo".

Si tú, al igual que yo, has encontrado tu verdadera profesión y lo que amas hacer, te auguro que el éxito, el amor, la salud y el dinero serán el resultado de las acciones que te decidas a realizar día con día.

Por último, recuerda que pensar también es un hacer. Así que ten cuidado con aquello que piensas, ya sea a tu favor o en tu contra, porque corres el riesgo de que se haga realidad. Ten presente que la mente no distingue si algo es bueno o malo, solo hace que las cosas sucedan cuando las piensas.

Pon mucha atención en lo que atraes a tu vida, ya que, si lo visualizas con la suficiente intensidad, seguramente lo tendrás en tus manos. Recuerda siempre que es tu decisión estar del lado de querer hacer las cosas.

En los zapatos del asesor de ventas

Como en el ejemplo de la raya amarilla, la actitud es una responsabilidad propia y una decisión que se debe tomar cada día y en cada circunstancia de la vida.

La actitud es contagiosa, por eso las personas positivas son como imanes y tienen un fuerte magnetismo. Si tú no eres positivo acerca de algo, ¿crees que te será posible lograr que otras personas lo sean?

Cualquier actitud que desees ver en otros, primero la debes vivir tú mismo, solo entonces podrás tener capacidad de influencia.

Recomendaciones para el asesor de ventas

1. Recuerda que, en el mundo de las ventas, la actitud es a menudo más importante que los hechos.

2. Tu actitud demuestra la disposición mental y el ánimo que tienes para llegar con el cliente, comunicarte y negociar con él.

3. Siempre sé cortés y atento con todas las personas.

Saluda amablemente a todos los que te rodean, nunca sabes quién te está observando.

4. Comunícate con seguridad y calma, no te apresures. Cuando demuestras seguridad en lo que estás diciendo, las demás personas se interesan en ti y propicias su confianza.

5. Admite francamente cuando te equivocas. Es importante que, si cometes un error, lo admitas de inmediato y le des una solución en el momento.

6. Cuida el lenguaje que utilizas, nunca hables con palabras altisonantes o en tonos muy agresivos.

7. Ten cuidado cuando hables de tu empresa, recuerda que tú la estás representando y eres la imagen y la reputación de esta.

8. Sonríe siempre de manera natural. El poder de una sonrisa crea sintonía y un ambiente agradable en cualquier reunión, junta, cita o encuentro.

9. Cuida lo que dices cuando estás con tus compañeros de trabajo, y más si hablas de un cliente; nunca

debes hablar mal de nadie, no sabes quién podría conocerlo.

En los zapatos del comprador

Somos libres de elegir nuestra actitud. Sin embargo, una actitud positiva siempre traerá mayores beneficios. Se ha observado que las personas positivas tienen mayor facilidad para las siguientes actividades:

- Manejar conflictos
- Resolver problemas
- Tomar decisiones
- Ser creativos
- Ser productivos
- Negociar
- Dar servicio
- Trabajar en equipo

Cada actividad está relacionada con tu profesión. Nunca menosprecies el valor de una actitud positiva.

Recomendaciones para el comprador

1. Supervisa que el vendedor sea atento y cortés con las personas de tu oficina y que no las ignore. Muchos vendedores pasan sin saludar y solo prestan atención a quien les interesa.

2. Nadie es perfecto, si el vendedor se equivoca en la información que te está brindando, no lo evidencies y hazle ver su error de manera cordial.

3. Si el vendedor te sonríe, te trata de manera atenta y es respetuoso, correspóndele. Esto hará que el proceso de negociación se conduzca en un ambiente de cordialidad.

4. Recuerda que la actitud puede definir tu desempeño como profesional de compras y que es, a menudo, más importante que los hechos.

5. A la hora de la negociación, hay muchos compradores que, por querer parecer rudos, tienen una mala actitud con sus proveedores, ¡yo no sé quién les enseñó esa regla! Evítalo.

6. Una buena actitud no te hará el más rápido, el más inteligente o el mejor, pero sí te permitirá aprovechar al máximo tu potencial y obtener los mejores resultados.

7. Tu actitud no solo te permitirá utilizar más eficazmente tus habilidades, sino que te ayudará a evitar aquellas cosas sobre las que no tienes ningún control y que afectan tu trabajo.

Hace unos meses asistí a la empresa de un cliente para una entrevista. Estaba tratando de estacionar el auto en cierto lugar, cuando una persona se acercó y me dijo que tenía que estacionarme en otro lado. Yo pude haberme molestado por la forma en que me lo pidió o adoptar una actitud negativa frente al incidente; sin embargo, opté por decirle de manera muy atenta que no había problema y que de inmediato movería el auto.

Luego, cuando entré a la recepción, la chica encargada me comentó que la persona que me iba a atender tardaría media hora más, ya que estaba en una junta. Esperé, y después de 40 minutos se abrió el elevador y vi a la persona que me había encontrado en el estacionamiento, él era la persona con quien tendría la entrevista. Me ofreció disculpas por lo del coche y por el retraso y el tema nos hizo entrar en confianza. Si yo no hubiera adoptado una actitud positiva, con toda seguridad esa entrevista hubiera sido muy incómoda para los dos.

Control para el asesor de ventas

- ¿Es positiva la actitud que contagias a tus clientes?
- ¿Tu profesión de ventas se encuentra en el lado de querer de la raya amarilla?
- ¿Tienes una actitud positiva al vender tus productos o servicios?
- ¿Tienes una buena actitud frente a las ventas?
- ¿Qué acciones inmediatas puedes emprender para mejorar tu actitud en general y con los clientes?

Control para el comprador

- ¿Es positiva la actitud que contagias a los asesores de ventas?
- ¿Tu profesión de compras se encuentra en el lado de querer de la raya amarilla?
- ¿Tienes la disposición de ánimo para encontrar la mejor opción de compra para tu empresa?
- ¿Cuidas tu actitud con tus proveedores para que sean leales y fieles con tu empresa?
- ¿Qué acciones inmediatas puedes emprender para mejorar tu actitud en general y con los proveedores?

Claves del capítulo

- Una buena actitud te permitirá aprovechar al máximo tu potencial como negociador y obtener los mejores resultados en tu actividad.

- Tu actitud no solo te favorece para utilizar más eficazmente tus habilidades, sino que también te servirá para evitar que te afecten negativamente las cosas sobre las que no tienes control.

- La actitud no es una circunstancia de la vida, sino una decisión.

13

CAPÍTULO

Facilidad para comunicarse

Esta habilidad ocupa el sexto lugar de importancia, según las personas encuestadas. Quizá debido a que, en muchas ocasiones, es más importante el producto que la interacción con el vendedor; también puede ser que el vendedor no tenga una gran habilidad de comunicación, pero que tenga otras características que sean de mayor peso para el cliente.

Sin embargo, he descubierto que la mayoría de los grandes líderes y profesionales de ventas comparten un secreto a la hora de abordar a un cliente o prospecto: se saben comunicar.

Los seres humanos tenemos dos hemisferios cerebrales, y

cada uno de ellos tiene funciones específicas. El hemisferio izquierdo es lógico, mientras que el hemisferio derecho es emocional. La clave de las personas que saben comunicarse es que hacen coincidir sus dos hemisferios y ocupan funciones de ambos. Pero vamos a profundizar en este tema de los hemisferios, ya que es fundamental para lograr una buena comunicación.

El hemisferio izquierdo se ocupa de la aritmética, la lógica y el habla. Es digital y su código es la palabra. Este hemisferio emplea un estilo de pensamiento convergente, obteniendo nueva información al usar datos ya disponibles. Aprende y absorbe rápidamente los detalles, hechos y reglas; analiza la información paso a paso y entiende los componentes uno por uno.

Por su parte, el hemisferio derecho está especializado en la percepción global, sintetiza la información que le llega y combina las partes para formar el todo. Es el cerebro analógico; se conecta con entidades de variación continua, como la imagen, donde interviene la semejanza con las cosas. Gracias a este hemisferio entendemos las metáforas, soñamos y creamos nuevas combinaciones de ideas.

De esta manera, mientras que el hemisferio izquierdo es lógico, analítico, explicativo y detallista; el hemisferio derecho es holístico, descriptivo y global. El primero es lógico, racional y verbal, mientras que el segundo es lúdico, imaginativo y simbólico. Si logras identificar los rasgos que dominan tu personalidad, sabrás qué hemisferio tienes más desarrollado y qué habilidades debes incrementar para comprender mejor a tu interlocutor.

Como ya lo hemos visto, la comunicación no solo se transmite a través de las palabras, también interviene el tono de voz con el que se habla y la expresión corporal. Cuando estos tres elementos son congruentes, la persona a la que va dirigida la información recibe el mensaje de manera clara e interpreta la intención correctamente.

Sin embargo, existe una distancia entre el mensaje que comunica el emisor y el que capta el receptor. Por tanto, debes evitar la aparición de ciertas interferencias, también llamadas barreras que deforman el mensaje.

Estas diferencias de percepción se pueden clasificar en dos grupos:

- **Diferencias por vivencias.** Cuando una persona ha vivido alguna experiencia, positiva o negativa, que puede influir en la percepción de una situación dada y, como consecuencia, en sus decisiones.

- **Diferencias por emociones.** Si una persona está alterada, no es momento propicio para hablar con ella, porque podría empeorar la situación.

Te compartiré mi máximo secreto y mi mayor reto en cada una de mis entrevistas: No solo te preocupes por lo que dices, sino por lo que la otra persona entiende.

Cuando estamos conscientes de lo que estamos diciendo, cuidamos más el uso de las palabras y, cuando además nos pagan por hacerlo, con mucha mayor razón. Esta recomendación me ha ayudado a filtrar mejor lo que digo para asegurarme de que mi interlocutor esté comprendiendo el verdadero significado de mi mensaje. Sin duda, es todo un reto, pero cuando logro hacerlo conscientemente, alcanzo el impacto que quiero que las personas registren de mi intervención.

En los zapatos del asesor de ventas

Cuando los vendedores somos conscientes de aquello que decimos, se presentan menos problemas de comunicación. Muchas personas, por cerrar y concretar la venta, hablan por hablar y ofrecen cosas que no van a poder cumplir, esto les resta credibilidad. Lo menos importante sería que el prospecto no te compre, el problema real es que a la larga no podrás crear una verdadera red de prosumidores, y eso sí tiene un costo muy alto.

Otro error que puede salir muy caro es subestimar a los clientes y creer que no saben o no entienden de lo que se les habla, olvidando que muchas veces llegan a dominar técnicamente el producto que se ofrece mejor que el mismo vendedor. Por eso es muy importante reflexionar sobre lo que las personas pueden llegar a percibir de ti, qué cosas sienten cuando te ven o cuando te escuchan y si logran comprender los mensajes de la forma en que tú quieres que los comprendan.

Te voy a dar otro consejo al respecto, deja de preguntar: "¿Me entiendes?". Es mucho mejor preguntar: "¿Me estoy sabiendo explicar?", ó alguna frase similar. Cuando le preguntas a alguien si te entiende, puede llegar a sentir que lo estás descalificando, por eso es muy importante replantear incluso la forma en que muestras interés por tus clientes.

Recomendaciones para el asesor de ventas

1. Que tu postura siempre sea relajada e inclinada un poco hacia adelante, manifestando interés.

2. Además de lo que el cliente dice, debes poner mayor atención a la comunicación no verbal, recuerda que

se recibe más información a través de los ojos que de los oídos.

3. Conserva una actitud alerta, piensa cómo te sientes cuando hablas con personas indiferentes, contrariadas e incluso hostiles.

4. Emite señales verbales a tu interlocutor que lo motiven a continuar y decir más. Por ejemplo: "Entiendo"; "Dígame más"; "¡Qué interesante!"; "¿Y qué pasó después?"; "Por favor, prosiga".

5. Verifica que el cliente está registrando lo mismo que tú; no todos registramos lo mismo y es básico para entablar una relación de venta. La mejor forma de hacerlo es preguntando.

6. El tiempo que te asignan para una entrevista es valiosísimo, aprovéchalo al máximo y olvídate de situaciones externas que no permitan entablar un canal adecuado de comunicación.

7. No te quedes con dudas durante la entrevista, difícilmente se te dará la oportunidad de estar con tu cliente nuevamente.

En los zapatos del comprador

Cuando estamos frente a frente con los proveedores, es recomendable escuchar más y hablar menos. Muchas personas de compras no han logrado comprender la importancia de la comunicación cuando se encuentran con un proveedor. ¿Sabes qué siente un proveedor cuando te escucha hablar o si eres lo suficientemente claro al transmitir tus necesidades?

Creo que, en la medida en que los compradores nos ocupemos de ser más específicos en las necesidades de nuestros clientes internos, podremos ser mejores comunicadores.

Recomendaciones para el comprador

1. Si no comprendes algo, formula preguntas dirigidas. Esto estimula al otro y muestra que tú estás interesado.

2. Antes de enfrascarte en una discusión interminable de negocios, es mejor que guardes silencio por un momento y dejes que el otro hable primero sobre el asunto en cuestión.

3. Trata de ser empático con el otro y de ponerte en su lugar, así podrás comprender su punto de vista.

4. Sé paciente, dedícale el tiempo necesario al vendedor y no interrumpas; claro, si es que te conviene lo que está explicando, de no ser así, no pierdas tiempo y de manera muy sutil dale las gracias.

5. Logra identificar de manera acertada las necesidades de tus clientes internos.

6. Vuélvete un experto entrevistador de tus clientes internos a la hora de tomar el pedido de sus necesidades.

7. Si es posible, escribe en un formulario la entrevista, ya que con eso podrás hacer un historial y tener un archivo de los productos o servicios que el cliente interno va requiriendo.

8. Si escuchas activamente ganarás más tiempo, no solo para ti sino en la compra.

9. Si logras desarrollar un sistema de compras que te permita identificar qué es lo que realmente quieren

comprar tus clientes internos, podrás decir que hay una buena comunicación entre tu área y el cliente.

Me gustaría comentarte que, en muchas empresas donde he tenido la oportunidad de entrevistarme para presentar los servicios de nuestra escuela de ventas, resulta que el comprador no aparece hasta el final de la negociación. Cuando los responsables de tomar la decisión de compra no están y se presentan hasta el final de la negociación, casi siempre es por dos razones: la primera, que llegan al final para ejercer un rol muy rudo con respecto al precio y las condiciones de compra, o dos, y mucho más frecuente, que no hay comunicación interna entre áreas y el usuario se lo tiene que brincar.

Cuando esto sucede, a los vendedores no nos desagrada del todo, ya que se puede aprovechar para convertir al usuario en un guerrillero o embajador dentro de la empresa, y eso finalmente resulta muy conveniente.

Te invito a que valores la importancia de mantener siempre una comunicación adecuada y, sobre todo, a funcionar como un gran puente de conexión entre la gente dentro de tu empresa y el mundo exterior.

Control para el asesor de ventas

- ¿Logras identificar las señales de compra que manda el comprador?
- ¿Eres congruente con tu lenguaje verbal y no verbal en las entrevistas con tus clientes o prospectos?
- ¿Verificas con el cliente que lo que estás diciendo es lo que está comprendiendo?
- ¿Eres empático con tus clientes o prospectos?
- ¿Cuáles son las tres cosas que puedes mejorar para tener una comunicación efectiva con tus clientes o prospectos?

Control para el comprador

- ¿Crees que eres claro en tu comunicación?
- ¿Piensas frecuentemente en lo que estará registrando tu interlocutor?
- ¿Cómo verificas que tu mensaje haya sido claro?

- ¿Crees que los proveedores registran bien lo que necesitas?
- ¿Cuáles son las áreas de oportunidad que puedes trabajar para mejorar tu proceso de comunicación?

Claves del capítulo

- En la actividad de ventas, la comunicación resulta una habilidad muy importante para mejorar. Mientras mejor comunicación haya, mayor será el entendimiento.

- Hay que tener presente que una buena comunicación no solamente implica saber transmitir un mensaje, sino verificar que nuestro interlocutor haya entendido claramente lo que se le quiso decir.

14

CAPÍTULO

Capacidad de saber escuchar

La capacidad de saber escuchar ocupa el quinto lugar, según las personas encuestadas. A pesar de ser una habilidad sumamente importante, los clientes quizá anteponen otras necesidades, como el conocimiento del producto o saberse comunicar. Sin embargo, es más difícil desarrollar la habilidad de escuchar que la de ser un buen comunicador.

Si eres un buen comunicador, pero no sabes escuchar, corres el riesgo de comunicar en forma elocuente cosas que, a final de cuentas, no le interesan al cliente.

Antes, solo ciertas profesiones y negocios valoraban la escucha: psicólogos, mentores, consejeros o negocios enfocados en personas. Ahora escuchar es una habilidad que se debe desarrollar en todo tipo de negocios. Además, una buena actitud de escucha es mucho más importante en tiempos de recesión, pues genera en los clientes y consumidores un sentimiento de lealtad y confianza.

La venta de hoy en día está basada en la capacidad de identificar las necesidades específicas de cada cliente, es decir, hacer un buen diagnóstico. Este descubrimiento solo se logra si somos capaces de mantener una escucha adecuada y sumamente empática, cualidad que muy pocos tienen, y que, de tener, es necesario desarrollar.

Las ventas se basan en un concepto clave: el entendimiento claro y concreto de la necesidad o razón que lleva a un cliente a comprar o contratar un producto o servicio. Este entendimiento solo se puede lograr sabiendo escuchar.

Muchos asesores de venta no escuchan a sus clientes. Recuerdo una ocasión en la que requería comprar equipo de cómputo especializado y un vendedor fue a la oficina a ofrecerme sus productos. Pero él no supo escucharme, es más, no le interesaba hacerlo.

Con base en una conversación que tuvo con la persona que lo contactó, él decidió qué era lo que debía venderme y, en cuanto yo trataba de explicarle lo que buscaba, él interrumpía y descalificaba mis comentarios, dando por hecho que el experto era él. Además, intencionalmente le di varias señales de compra que él pudo aprovechar, pero por no saber escuchar, ni siquiera las registró.

Como la propuesta de ese vendedor era completamente diferente a lo que yo estaba buscando, además de que me sentí ignorado y descalificado por él, decidí hacer la compra con otro vendedor que sí supo escucharme, asesorarme, y con quien establecí empatía, a pesar de que la marca era diferente a la que inicialmente me interesaba… y estoy feliz con la computadora desde la cual estoy escribiendo estas palabras.

En los zapatos del asesor de ventas

Un Asesor Consultor de Ventas no es el que más habla, es el que habla lo necesario en el momento preciso.

Para que un vendedor profesional logre un entendimiento claro del sentir del cliente o prospecto, es necesario que aprenda a escuchar y lo haga de forma estructurada.

Así podrá obtener la información que le permita obtener una visión de venta o solución a la necesidad del comprador.

Siempre necesitamos mantenernos muy atentos a las opiniones, quejas, sugerencias o comentarios de los clientes y, por otro lado, descifrar o recabar información sobre ellos: preferencias, necesidades o hábitos (por ejemplo, a través de pequeñas encuestas o entrevistas). Con esta información podrás diseñar estrategias de marketing más efectivas. Sabrás en qué debes mejorar o cambiar tu negocio y, por último, te permitirá brindar a determinados clientes una atención personalizada de acuerdo con sus gustos particulares.

Muchas veces sucede que, en una entrevista, el excesivo entusiasmo del vendedor lo lleva a expresar muchas ideas. Se empeña en contar todo y en mostrar todos los productos, y ello trae consigo que su cliente retenga menos del 30 % de lo que dice. Por este motivo, lo importante no es hablar, sino escuchar lo que el cliente tiene que decir.

A veces, la entrevista llega a su fin sin haber entendido la verdadera necesidad del cliente. Esto es un terrible error, porque entonces habrás desaprovechado una oportunidad que quién sabe si vuelvas a tener. La clave para descubrirlo es la escucha empática. La cual se logra si se aplican los siguientes elementos:

- Atención física.
- Atención psicológica.
- Verificación y regreso de la información.

La atención física implica concentrar los cinco sentidos en la escucha, es decir, escuchar con los ojos, la piel, el olfato y hasta con el gusto. También significa interesarse realmente en lo que el cliente está diciendo, por medio de actitudes responsivas, así como movimientos de cabeza o gestos.

La atención psicológica significa conectarse emocionalmente con el cliente, tratar de comprender sus pensamientos, sus sentimientos y sus deseos por medio de la mirada, la actitud, la sonrisa y la definición de sentimientos en el discurso. Por ejemplo: "Veo que está muy contento por…"; "Comprendo que en estos momentos está un poco ocupado, ¿le parece si concertamos otra cita para más tarde?"; etc.

La verificación y el regreso de la información se refieren a que, durante la entrevista, es conveniente emitir señales de que realmente se está comprendiendo lo que el cliente nos está diciendo. Algunas recomendaciones son:

- Retroalimentación/resumen: "Permítame hacer un pequeño resumen de todo lo que me ha comentado hasta ahora, para saber si le estoy entendiendo correctamente…".

- Concretización: "Por lo que me comenta, parece ser que su principal necesidad es…, ¿es correcto?".

- Confrontación (poner de frente sus incongruencias):

"Entiendo, pero con todo respeto esto que me dice es diferente a lo que originalmente me comentó, debido a que…, ¿está de acuerdo?".

Recomendaciones para al asesor de ventas

1. Demuestra interés con actitudes responsivas como: "ajá", "sí", "ok", "ya veo", etc. Así como con movimientos afirmativos o negativos de cabeza, sonrisa, gestos, etc.

2. Escucha detenidamente antes de contradecir. De otra forma, el cliente creerá que estás tomando una posición opuesta.

3. No interrumpas a tu cliente, solo escucha, procesa y reafirma lo que él está entendiendo.

4. Demuestra empatía. Si el cliente te comenta que ha sido ignorado en una promoción en la cual esperaba ser tomado en cuenta, tú respondes: "Bueno, estoy seguro que esa experiencia debió haber sido muy desafortunada para usted."

5. Si el cliente te habla de sus problemas, escúchalo,

pero deja la solución en sus manos. Las personas que están en problemas se ofenden cuando alguien asume una actitud de "arreglatodo".

6. Considera que cada oportunidad de escuchar es una oportunidad de aprender. Los escuchas atentos prestan atención a comentarios que otros pasarían desapercibidos.

7. Escucha al cliente, aun cuando inicialmente el tema te parezca de poca importancia. Mientras aprendes, ganas el respeto y la gratitud de tu interlocutor.

En los zapatos del comprador

Escucha verdaderamente las necesidades y requerimientos de tu empresa; descubre, a través de pláticas sencillas, quiénes son realmente tus clientes internos y qué necesitan.

Cuando no tengas claro lo que te están pidiendo, verifica, nunca supongas nada, y menos desde el área de compras, puede ser que, por falta de escucha activa, se rompa la cadena interna y eso repercuta en retardos a la hora de entregar el producto o servicio a los clientes internos de tu empresa.

Recomendaciones para el comprador

1. Dedica el tiempo necesario para escuchar a la otra persona. La paciencia y la voluntad son características esenciales para ser buenos escuchas.

2. No prescindas de escuchar lo que resulta difícil, ya que eso que se omite puede contener información muy importante.

3. Elimina las distracciones. Cuando escuches, no hagas otra cosa más que escuchar.

4. Sé empático con el otro, colócate en su lugar, de manera que puedas comprender su punto de vista.

5. Concéntrate bien en el mensaje, sé paciente y no interrumpas.

6. Si te concentras, ganarás tiempo y la confianza de tus clientes y colaboradores.

7. Escucha atentamente y desarrollarás mayor facilidad en el proceso de ser coach.

8. Plasma por escrito todo lo que escuches en tus entrevistas y que requieras recordar.   .

Debo confesar que muchas veces, por no saber escuchar activamente, al querer realizar la propuesta omito algunos de los puntos importantes que se presentaron durante la negociación. Esto me ha implicado reprocesos o juntas para abordar nuevamente lo antes expuesto.

Escuchar activamente nos ayuda a detectar y comprender mejor lo que está detrás de las palabras. Esto nos ayudará a conocer con mayor precisión qué es los que el cliente o prospecto está necesitando.

Escuchar activamente es mostrar interés de atender al otro. Escuchar activamente nos ayuda a afinar el oído para saber identificar necesidades. Escuchar activamente muestra la educación de una persona.

Control para el asesor de ventas

- ¿Eres capaz de escuchar a tu cliente con todos tus sentidos?
- ¿Al escuchar a tu cliente siempre logras identificar sus necesidades?
- ¿Estás atento a las sugerencias que hace tu comprador?
- ¿Cuándo escuchas a tu cliente mandas señales para que él se percate de que le estás poniendo atención?
- ¿Qué acciones clave debes desarrollar para ejercer una escucha efectiva?

Control para el comprador

- ¿Siempre escuchas con atención a los vendedores y proveedores?
- ¿Eres paciente al escuchar?
- ¿Escuchas a tus clientes internos antes de realizar la compra?

- ¿Siempre escuchas las sugerencias de tu vendedor o proveedor?
- ¿Qué beneficios puedes obtener de escuchar atentamente al vendedor o proveedor?

Claves del capítulo

- Saber escuchar es una habilidad de sabios. La mayoría de las personas cree que sabe escuchar, que es una capacidad natural, pero no es así.

- Para saber escuchar no basta con oír, sino que requiere de un proceso que implica interés, atención, seguimiento y empatía.

- Cuando verdaderamente se escucha a una persona, se pueden identificar muchos elementos que proporcionan información inestimable y, en el caso de las ventas, se convierte en un talento de inmenso valor.

15

CAPÍTULO

Trato respetuoso y profesional

Según las personas que respondieron la encuesta sobre las habilidades que debe tener un asesor de ventas, el trato respetuoso y profesional ocupa el séptimo lugar en importancia.

El respeto es una virtud de campeones, es una de las claves más importantes en el desarrollo profesional de una persona. Mucho más cuando se habla de ventas, ya que en esta profesión es común tratar con una gran diversidad de personas cuyos hábitos, religión, cultura, orientación sexual o ideología política son distintos a los nuestros.

En fin, son muchas las cosas que debemos contemplar

y respetar, ya que, como dicen por ahí, cada cabeza es un mundo. Todas las personas somos diferentes, así que toma en cuenta lo siguiente: el gran error es tratar a todos por igual.

Cuando recién comenzamos, entre los muchos errores que cometemos las personas que nos dedicamos al ejercicio de vender está el de tratar a todos por igual. Pero, con el tiempo y haciendo conciencia, aprendemos que las personas requieren un trato especial, porque cada persona es única y distinta de los demás.

En ventas, el respeto significa atención, cuidado, cumplimiento, formalidad, puntualidad, cordialidad, respeto a la jerarquía y respeto a la experiencia profesional. Cualidades que debimos aprender desde la infancia, en el hogar y en las escuelas, y no debería ser necesario asistir a una escuela de ventas o de desarrollo humano para adquirirlas.

Te invito a que, como profesional de ventas, abras la mente y demuestres que, coincidas o no con las creencias y conductas de la contraparte, tu función sea crear prosumidores de los servicios que representas. Sobre todo porque en ventas somos evaluados por los resultados y la rentabilidad de nuestra gestión.

Mi abuela materna, que era muy sabia, una mujer extremadamente sensible y respetuosa, decía que el respeto era una llave mágica que abría todas las puertas. Y yo sí lo creo.

Hay personas que conocemos a lo largo de la vida de quienes nos hacemos grandes amigos, aunque a veces no coincidimos en todas nuestras creencias o estilos de vida. Sin embargo, los queremos y así convivimos con ellos, ya que la amistad está muy por encima de las diferencias. Pues en ventas hay una regla muy clara: la función es vender, no intentar ser amigo de todo el mundo o tratar de agradarle a todos. Hay que vender y desarrollar clientes, no solo compradores de una sola ocasión.

En los zapatos del asesor de ventas

Hoy, un verdadero Asesor Consultor de Ventas debe cumplir con muchas cualidades. Ser un profesional significa preocuparse por el bien de la contraparte, no solo de la persona con la que se está tratando, también de la empresa que representa. Hay miles de vendedores o despachadores que lo único que quieren es llevarse el dinero de la otra parte y con eso alcanzar los presupuestos del mes, sin considerar jamás que ese cliente nunca más les volverá a comprar.

Respeto y profesionalismo en ventas también significa cumplir con, a lo que yo llamo, ofertas de ventas. Estas son, por ejemplo, cuando un vendedor, con tal de llegar a su presupuesto del mes, es capaz de ofrecer hasta lo que no tiene, comprometiendo a su empresa y compañeros sin consultar previamente de manera interna si es posible entregar lo que le acaba de ofrecer al cliente.

Hay muchos vendedores que, sin saber si realmente podrán cumplir con ello, se adelantan a decir: "Sí puedo, con mucho gusto lo tendrá en esa fecha"; "Claro que sí, en esa fecha lo entregamos en su domicilio"; "Por supuesto que estará listo a esa hora". En fin, son miles de frases muy trilladas que lo único que hacen es debilitar a la marca y a toda la organización completa. Y claro, cuando el cliente está enojado por la falta de respeto y por el incumplimiento de los acuerdos, comenzará a decirles a sus conocidos:

—El señor Fulano, vendedor de la empresa Tal-por-cual, es un irrespetuoso. En esa empresa no cumplen lo que prometen.

—No vayas a la empresa Tal-por-cual, ahí nadie sabe vender.

—En la empresa Tal-por-cual nadie te atiende de manera respetuosa, la recepcionista es muy grosera (si bien le va, porque a veces se usan palabras más rudas para referirse a alguien con quien se está molesto).

Solo por una recepcionista con mala actitud, poco profesional y que no está focalizada en atender de manera correcta al cliente como primer filtro de ventas, se pueden perder un montón de colaboradores.

Recomendaciones para el asesor de ventas

1. Cuida tu lenguaje y dirígete de manera respetuosa y profesional hacia tu cliente o prospecto.

2. Cuando no estés de acuerdo con la propuesta del comprador, exprésale tu opinión de manera que sienta que lo asesoras y no que lo estás agrediendo.

3. Siempre dirígete a tu prospecto o cliente hablándole de "usted" y haciendo mención de su título profesional, para que se sienta halagado y se dé cuenta de que lo respetas.

4. Únicamente háblale de "tú" a tu prospecto o cliente si te autoriza o si existe una relación amistosa.

5. Trata con igual respeto a la asistente, recepcionista o colaboradores de tu cliente o prospecto. Esto te abrirá muchas puertas porque todos tendrán una buena impresión de ti y también te tratarán bien cuando los visites.

6. Nunca muestres tu enojo con el cliente o prospecto, él no tiene la culpa de que estés molesto y no merece ser tratado de forma descortés y altanera.

7. Trata al cliente como él quiere que lo traten, no como tú quisieras ser tratado. Hay formas de comportarse que halagan a algunos compradores, pero tal vez para otros ese mismo comportamiento pueda ser un insulto.

8. Cuida la manera en que te conduces; debes ser siempre un profesional. Una persona profesional no es aquella que tiene estudios de licenciatura, maestría o posgrado, sino quien se muestra impecable ante el cliente o prospecto, desde su imagen, sus palabras y sus acciones.

9. Trata a todos los clientes con respeto sin importar su imagen, a veces hacemos juicios sobre nuestro cliente

y a la hora de la venta descubrimos que podríamos terminar haciendo negocios a largo plazo.

10. Si las diferencias entre tú y el comprador son muchas y crees que no las podrás tolerar, no pierdas la cuenta y deja que alguien más lo atienda. Para tu empresa la misión es vender.

11. Recuerda que no todo el mundo piensa y actúa igual que tú, todos tenemos motivos diferentes.

12. Respeta, respeta, respeta.

En los zapatos del comprador

El comportamiento que manifestamos ante los demás habla mucho de las personas que somos y, generalmente, da la pauta para la manera en que nos tratarán los demás. Cuida que tu trato hacia todas las personas con las que interactúas sea siempre de respeto y cordialidad, para que de la misma manera seas tratado.

Respeta la profesión del vendedor desde el momento en que hace el primer contacto. A veces, por la presión cotidiana, somos desatentos con los asesores de ventas. Si te contacta vía telefónica y no lo puedes atender, hazle saber que estás ocupado, cuidando tus palabras, porque a veces eres tú quien le pide que te llame, y cuando lo hace en la fecha y hora acordada, lo tratas como si fuera un desconocido que solo quiere quitarte el tiempo.

Exige solo en aquello que estás dispuesto a ceder, no le pidas a un asesor que te cumpla en tiempo y forma cuando tú no has cumplido con los acuerdos. Porque cuando tengas una urgencia en la que necesites una entrega urgente del producto o servicio que tu proveedor ofrece, él no te va a responder si tú no has cumplido.

Tu función es comprar, no interrogar al vendedor sobre su vida personal, así que evita involucrarte en problemas personales con los vendedores. Cada uno desempeña una función, y la tuya es acercar los mejores recursos a tu empresa.

Piensa en que, en muchas ocasiones, por querer hacer el papel de comprador agresivo, podemos llegar a perder a un muy buen proveedor. Ten presente que, antes que todo, está el respeto a los demás.

Recomendaciones para el comprador

1. Cuida que tu lenguaje sea impecable, las palabras vulgares nunca son recomendables.

2. Jamás menosprecies a nadie, todos somos seres humanos, independientemente del nivel social, cultural o jerárquico, y, como tales, merecemos el mismo respeto.

3. Sé cortés con tus clientes internos cuando te soliciten algún producto o servicio. Aunque seas tú quien decide la compra, ellos pueden tener ideas o propuestas de compra que impacten de manera positiva en los resultados y la productividad de tu empresa.

4. Si lo que quieres es el producto o servicio que cierta empresa te está ofreciendo, no hagas juicios o dejes de comprarlo solo porque no coincides con las formas del vendedor.

5. Muéstrate siempre como un profesional, nunca hables mal de tus jefes, de tus colaboradores, de las políticas de tu empresa, eso es una falta de respeto para la empresa que te da el sustento de cada día.

6. Respeta las diferentes áreas de tu empresa, ya que, en muchas ocasiones, por ser el área de compras, se cree que son los que parten el pastel, y en muchas empresas no es así.

En una ocasión, me presenté a la entrevista que tenía en una empresa transnacional de aparatos electrónicos muy reconocida. La empresa es japonesa y las personas con las que me había citado eran de origen asiático.

Cuando llegamos, un compañero y yo, después de habernos registrado con los oficiales de seguridad, nos acompañaron a la recepción del edificio. Hasta ahí todo iba de acuerdo con nuestros parámetros occidentales, pero cuando nos llevaron a la sala de juntas, nos pidieron que antes de entrar nos quitáramos los zapatos y que tomáramos asiento en unos sillones que estaban a la altura del piso, frente a una mesa de unos treinta centímetros de altura.

Mi compañero, que nunca había estado sentado en una sala de ese tipo, ¡y sin zapatos!, estaba muy extrañado. Pero respetamos en todo momento las reglas del protocolo de la empresa y evitamos hacer cualquier tipo de comentario entre nosotros.

Mientras esperábamos a que llegaran las personas de la entrevista, lo único que hacíamos era mirarnos el uno al otro. Cuando entraron a la sala, nos encontraron a mi compañero y a mí muy solemnes, lo cual sin duda fue del agrado de nuestros ahora clientes, para quienes fue muy grato que respetáramos sus costumbres.

Control para el asesor de ventas

- ¿Tratas con el mismo respeto a todos los contactos de la empresa de tu cliente o prospecto?
- ¿Eres cortés desde el saludo hacia tu cliente o prospecto?
- ¿Te conduces con seguridad y profesionalismo al hacer una propuesta de negocios?
- ¿Sabes distinguir el límite de confianza y amistad con tus clientes?
- ¿Cuáles son las características principales que te hacen ver como un vendedor profesional y respetuoso?

Control para el comprador

- ¿Respetas la profesión y labor de los vendedores?
- ¿Tu trato es cortés y respetuoso con los vendedores que te visitan?
- ¿Respetas que el vendedor te haga sugerencias?
- ¿Eres amable al argumentar tus compras con tus clientes internos?
- ¿Cuáles son las tres acciones que puedes realizar para ser más respetuoso con los proveedores y clientes internos?

Claves del capítulo

- El trato respetuoso y formal es una característica de la personalidad que todos deberíamos haber aprendido desde la más tierna edad. Desafortunadamente, el sistema social y educativo no fomenta el valor del respeto entre seres humanos.

- El principio para aplicar esta habilidad es muy sencillo: trata a cada persona como si fuera la más importante que vas a conocer en tu vida. Nunca falla.

16

CAPÍTULO

Formalidad
y puntualidad

Definitivamente, dos elementos imprescindibles para un vendedor profesional son la formalidad y la puntualidad. Así lo demuestran los resultados de las entrevistas aplicadas, en donde ocupa el tercer lugar de importancia. Cuando una persona es puntual se lleva dos reconocimientos: por puntual y por formal. Pero la regla no aplica al revés, ya que hay muchas personas muy formales que no son puntuales. La puntualidad en ventas es un valor extremadamente poderoso. En ciudades grandes, como la Ciudad de México, que es en donde vivo, no es un pretexto válido argumentar que se llegó tarde a causa del tráfico, cuando se pueden tomar previsiones para llegar a tiempo.

Cuando una persona llega tarde a una cita, la mayoría de las veces es por su falta de planeación, de formalidad y de interés. Claro, si una persona no es formal en el proceso de la venta ni en las citas que tiene con el prospecto, este tiene todo el derecho a pensar que lo que va a comprar será eso: informalidad y poco compromiso.

El caso empeora cuando no se trata de un prospecto, sino de un cliente, ya que algunos vendedores de bajo perfil piensan que tienen derecho a dejar la formalidad de lado, y esa es la fórmula perfecta para perder a un cliente: dejar de ser puntual y formal en la relación.

En los zapatos del asesor de ventas

En este tema no hay mucho que decir de un vendedor a otro, ya que la formalidad y puntualidad son la esencia de un profesional. Si tú eres puntual, no más o menos puntual, sino puntual, te felicito, porque sin duda eso habla de tu interés y respeto por el tiempo de los demás. Y así te ocupas en proyectar una buena imagen.

Si por alguna razón no has desarrollado esta habilidad, te invito a que en tu próxima cita cambies esa imagen, y que a partir de mañana empieces con rutinas diferentes. Si vives lejos de tu trabajo o si estás lejos de la cita que tendrás; si sabes que es complicado llegar a la entrevista que tienes con el prospecto o cliente, toma las medidas necesarias: levántate más temprano de lo normal y sal de tu casa u oficina con más tiempo.

Esto se empezará a volver una rutina y, cuando logres incorporarla, disminuirás el estrés y se convertirá en tu estilo de vida.

Por otro lado, hay que tomar en cuenta que llegar mucho antes de lo acordado, mucho tiempo antes de la cita, también se llama impuntualidad.

Si el lugar de la cita cuenta con una recepción donde puedas esperar sin que el contacto se dé cuenta de que estás ahí, no pasa nada. Pero, si llegas antes a la entrevista y el contacto sabe que estás ahí con mucho tiempo de anticipación, se podrá sentir muy presionado por dejarte esperando en la recepción, o sea, lo metes en un apuro innecesario.

Cuando me sucede que, por tomar demasiadas medias para llegar a tiempo, llego antes de lo acordado, llamo por teléfono al asistente de mi cliente y le pregunto, sin hacerle saber que ya estoy cerca o inclusive ahí mismo, si le convendría ganar tiempo a la entrevista. En muchas ocasiones funciona, e inclusive me lo agradecen, pero en algunas otras me responden que mi cliente todavía no llega a la oficina o que está en otra junta y saldrá justo a tiempo para nuestra entrevista. Lo que hago en esos casos es esperar a que dé la hora inicialmente acordada y, cinco minutos antes de la cita, toco el timbre o llego a la recepción para anunciarme.

Te comparto un consejo que me ha funcionado muy bien: Si por alguna razón el contacto está muy ocupado y no te atiende a la hora en que te citó, el tiempo correcto de espera en una antesala no debe superar los treinta minutos.

Si después de ese tiempo no te ha podido recibir, lo que te sugiero hacer es hablar con la recepcionista o con la asistente y decirle lo siguiente: "Tengo una cita con tal persona, pero veo que está muy ocupada. Para no presionarla, le voy a solicitar que por favor sea tan amable de darme una cita para otro día, ya que no quisiera que se preocupara por no poder recibirme y yo no quiero retrasar otra entrevista que tengo".

Si haces esto de manera muy sutil, la otra persona te podrá conceder la entrevista y, cuando se dé el encuentro, tendrás un punto a favor y sin haber retrasado ninguna cita de tu agenda personal.

Por otro lado, si es una cita que sabes que difícilmente puedes volver a programar, no te vayas, porque si lo haces, hasta ahí llegaste y perderás una oportunidad. Mejor espera hasta que te reciban y punto.

Hay que aprender a calibrar a quién pedirle una segunda cita y a quién esperar. El que sepa discernir esto será un gran profesional de ventas, el que no, será impuntual en la siguiente entrevista.

Recomendaciones al asesor de ventas

1. Siempre llega puntual a las citas con tus clientes o prospectos, recuerda que la primera impresión es muy importante.

2. Si tienes que llamar a tu cliente o prospecto a una hora determinada, llámalo a la hora en que te lo pidió, de lo contrario, te mostrarás poco formal y poco profesional.

3. Si ya lograste la venta, cumple con la entrega del producto o servicio en la fecha y hora en que te indicó el cliente, eso ayudará a crear una relación comercial duradera y de confianza.

4. Cuida la forma en que presentas la propuesta de negocio. Si la llevas en papel, no lleves unas hojas engrapadas y maltratadas sin fólder.

5. En caso de una presentación electrónica, revisa detalladamente la propuesta para que no tenga faltas de ortografía.

6. Revisa también el equipo de cómputo que utilizarás para evitar fallas a la hora de la presentación.

7. Dirígete con seriedad, no hagas bromas con el cliente o prospecto, mucho menos si es la primera vez que te entrevistas con él.

8. Investiga la forma en que el cliente requiere la propuesta o cotización, ya que a veces no hacemos caso a sus recomendaciones y retrasamos el cierre de la venta.

9. Nunca olvides que representas a tu empresa y que tus acciones repercutirán en su imagen.

En los zapatos del comprador

Recibe de manera puntual a tus proveedores, recuerda que ellos también tienen una agenda de trabajo. Muéstrate profesional. Esto, evidentemente, si el vendedor es puntual y formal. En caso contrario, dale diez minutos de tolerancia y, si no llega en ese tiempo, no lo recibas, porque te retrasará con tu agenda.

Si el vendedor llama para notificarte que llegará tarde y tú lo aceptas, la cosa cambia, porque se tomó el tiempo para consultártelo. Y eso habla del interés que tiene en la entrevista.

Si por alguna razón no vas a poder recibirlo ese día o a la hora que habían pactado, toma el teléfono o manda un correo electrónico con tiempo de anticipación. No hagas perder el tiempo a alguien más.

Si es un cliente interno que cuida mucho la relación con sus compañeros de trabajo, al ser puntual y formal te proyectarás como un profesional y serás muy confiable para ellos. La puntualidad juega un papel muy importante, no nada más en tu agenda, sino también en la de las otras personas.

Te invito a ser muy formal en tus relaciones, a darte tu lugar como un profesional de compras y como un gran representante de tu empresa. Porta con total dignidad la credencial que te acredita como colaborador de esa empresa, ya que eso te refleja como un comprador formal y una persona seria y confiable con la que se pueden entablar relaciones comerciales.

Recomendaciones al comprador

1. Ten presente el tiempo que vas a asignar a las entrevistas con vendedores, de lo contrario serás menos productivo para tu organización y demorarás las compras.

2. Marca límites claros con el vendedor, de esta manera podrás construir una mejor relación comercial en la que ambos ganen.

3. Sé específico con la forma de la entrega y las condiciones para concretar el negocio, así ahorrarás tiempo y serás mucho más eficiente y efectivo con tus compras.

4. Atiende las necesidades de tus clientes internos en el tiempo y forma en que lo soliciten, recuerda que tus acciones tienen impacto en la productividad y rentabilidad de tu empresa.

5. Si ya elegiste a tu proveedor, hazle saber tu decisión al resto de los proveedores, siempre y cuando te hayan dado un seguimiento correcto, para no hacerles perder el tiempo.

Por mi trabajo, acostumbro a estar frente a públicos muy diversos, con actividades de diferente tipo y, en general, no sé quiénes son ni a qué se dedican. Al final de las conferencias es común que me aborden algunas personas para hacerme algún comentario, felicitarme por lo expuesto, complementar algún dato, recomendarde algún libro, etc. Y en muchas ocasiones, me piden una cita para ofrecerme y venderme sus productos. Siempre los recibo en mis oficinas para escuchar sus propuestas, atenderlos y, debo confesar, para conocer su técnica de ventas.

Gran parte de estas personas me ofrecen seguros de todo tipo: de vida, de gastos médicos, para el auto, etc. Lo que ellos no saben es que desde hace más de quince años tengo un agente de seguros que es muy difícil de desplazar. Debido a que, desde que lo conozco, lo único que ha hecho es estar cerca de mí y de mi familia, solucionando y creando necesidades de manera muy profesional. Es una persona extremadamente formal y puntual, pues, aunque vive muy lejos de mi oficina, siempre llega en tiempo exacto a la cita que me pidió o que yo solicité para aclarar alguna duda.

La empresa de seguros que representa me parece muy buena opción, por eso he contratado los seguros ahí. Sin embargo, el gran diferenciador entre una empresa y otra es el agente que la representa, la formalidad de su trabajo y la puntualidad en sus citas y acuerdos.

Control para el asesor de ventas

- ¿Llegas siempre puntual a tus citas con tus clientes o prospectos?
- ¿Revisas tu propuesta de negocio antes de presentarte con tu cliente o prospecto?
- ¿Cumples con las entregas pactadas con el cliente?
- ¿Administras tu tiempo de forma adecuada con todos tus clientes?
- ¿Qué harás de ahora en adelante para ser más puntual en tus citas?

Control para el vendedor

- ¿Administras adecuadamente el tiempo que asignas con cada vendedor o proveedor?
- ¿Le comentas a tus proveedores los requerimientos necesarios para no demorar los tiempos de entrega?
- ¿Das pronta respuesta a las necesidades de tus clientes internos?
- ¿Notificas a tus proveedores tu decisión final de compra?
- ¿Qué harás de hoy en adelante para hacer más eficiente el proceso de compra?

Clave del capítulo

- No puedes dedicarte a las ventas si no eres una persona formal y puntual.

17

CAPÍTULO

Preparación de la entrevista

Esta habilidad resultó calificada en el séptimo lugar de importancia por las personas encuestadas, el mismo nivel que obtuvo el trato respetuoso y profesional. Seguramente tú también crees, como yo, que todas las habilidades son importantes, pero el objetivo de la encuesta era conocer el peso que los compradores le daban a cada habilidad.

Desde mi experiencia, saber preparar la entrevista es uno de los elementos que, como vendedor profesional, me ha llevado a conquistar mejores cuentas: estar mejor informado vale dinero.

La entrevista es el inicio de la venta, de ahí la importancia de prepararse adecuadamente. Tener claro el objetivo que se desea alcanzar, es el cimiento del proyecto. Cuando el asesor de ventas prepara bien la entrevista y prevé qué va a decir, cómo lo va a decir y cuándo lo va a decir, sin duda generará ventas efectivas.

Una entrevista que se prepara previamente siempre te hará ver más profesional y confiable. Además, te permite fijar metas, ya que, al llevar un plan, sabes claramente de qué hablarás, cómo expondrás el producto y sus beneficios y, probablemente, ya hasta tengas identificadas las necesidades del cliente, por lo que la entrevista será mucho más efectiva en tiempo y forma.

Nunca menosprecies el valor de preparar una entrevista. Probablemente creas que con la experiencia ya no necesitas prepararte tanto, pero esto es un gran error. Cada cliente, cada empresa y cada negociación requieren de una preparación específica y actualizada.

En los zapatos del asesor de ventas

Un vendedor profesional nunca improvisa en la entrevista con un cliente. Prepararte antes de tu entrevista es el primer paso de un gran proyecto. Estar preparado te da confianza y eso ayuda a generar empatía con el cliente. Recuerda que solo tienes unos minutos para convencer.

Antes que nada, debes definir el objetivo de la entrevista: ¿Qué deseas lograr específicamente? ¿Cuándo? ¿Cuánto? ¿Cómo? Luego debes recopilar toda la información de la persona con la que vas a tener la entrevista: su área de trabajo, el puesto que ocupa, si tiene capacidad para tomar decisiones, etc.

Si ya has tenido negocios con esa empresa, también debes investigar el grado de satisfacción que tuvieron con el servicio o producto que compraron.

Es recomendable que conozcas la siguiente información sobre la empresa que visitarás:

- Nombre de la empresa
- Cuántos años tiene la empresa
- Cuál es su misión
- Cuál es su visión
- Estructura del negocio
- Qué producto(s) o servicio(s) vende
- Cuál es el mercado al que va dirigido su producto/servicio
- Cuál es el principal producto
- Quién es su competencia
- Quiénes son sus principales clientes

- Cuántas personas conforman el área de ventas
- Quiénes son las personas que deciden las compras

Planifica al máximo tu presentación a partir de esta información. También es muy importante que te prepares en tu tema:

- Cuáles son las ventajas del producto o servicio que ofreces
- Cuáles son los beneficios que podría obtener el cliente con la compra
- Qué objeciones te pueden poner
- Qué temas vas a abordar durante la sesión
- Qué materiales vas a llevar y cuáles vas a entregar

Preparar una argumentación con datos verídicos de algún hecho reciente que haya enfrentado la empresa a la que visitas, puede ser una estrategia que te ayude a impresionar.

Verifica que lleves tarjetas de presentación e información de tu empresa y de los productos que ofreces. Ten presente que la falta de cualquiera de estos elementos te hace ver poco profesional. Tú eres el representante de tu empresa, es decir, la imagen de lo que quiere proyectar. Prepárate para tener el éxito que buscas.

Recomendaciones al asesor de ventas

1. Define el objetivo de tu entrevista: es importante tener claro qué quieres lograr.

2. Ponte en la posición de la persona con la que te vas a entrevistar. ¿Qué crees que necesita saber de ti y de tu empresa? Esto para que lleves las respuestas que ellos quieren escuchar.

3. Investiga los datos del comprador que te atenderá.

4. Investiga los datos generales de la empresa.

5. Prepara toda la información que requieres para presentar adecuadamente tu producto.

6. Lleva todos los apoyos que consideres necesarios: folletos, videos, artículos promocionales, etc.

7. Muéstrate como un experto profesional.

8. Muéstrate interesante para el entrevistado, si no investigaste algunas cosas valiosas previas a la entrevista, lo aburrirás.

9. Ten en cuenta que el comprador siempre necesita respuestas, o bien que le ayudes a encontrar lo que está buscando.

10. Muchas veces el cliente sabe lo que necesita, pero no conoce ni el nombre ni las características. Ayúdalo a aclarar sus dudas.

11. Sé su mejor aliado en la entrevista: ayúdalo a guiar el camino de la compra.

12. Mantente informado de los aspectos más importantes del mundo de los negocios. Te ayudará a tener temas de conversación interesantes y que generen confianza.

En los zapatos del comprador

Como comprador, es importante que te prepares para entender y conocer tanto la postura de tu cliente interno como la de tu proveedor.

Anticiparte te permitirá elaborar una estrategia para identificar los posibles obstáculos o limitaciones que puedes encontrar durante el proceso de compra.

Fija un objetivo para la entrevista. Tu cliente interno es quien más te debe apoyar, ya que es el más interesado en la compra. Investiga, conoce, vuélvete un experto en hallar la mejor opción.

Genera el hábito de entrevistar a tus clientes internos de manera frecuente para recibir retroalimentación de tu desempeño. Así te irás acercando cada vez más al modelo ideal del área de compras, además de ir corrigiendo algunos puntos de tu gestión.

Cuando te preparas para una entrevista con un vendedor, seguramente lo pensará dos veces antes de exagerar o comprometerse con algo que no puede cumplir. Es importante que te reconozca como alguien informado que, además, va haciendo un historial de cada entrevista. De este modo, se verá obligado a mostrarse muy profesional y preparado.

Te invito a prepararte cada día mejor. No nada más en los temas que te corresponden por el giro de la empresa que representas, sino también en temas generales que de pronto salen a relucir en una comida de negocios, en una junta con tus jefes, en una reunión informal o social.

La cultura y la preparación te harán lucir muy interesante para entablar una relación comercial o de amistad. Sin embargo, ten cuidado de no abusar, porque a muchas personas no les caen bien los "sabelotodos".

Recomendaciones al comprador

1. Antes de conceder una entrevista, debes tener muy claro el propósito de la misma.

2. Prepárate para transmitir lo que tu cliente necesita: define indicadores y realiza una lista de los puntos más importantes.

3. Haz de tu posición un enlace entre tus clientes internos y tus proveedores.

4. No olvides indagar todo acerca de los proveedores. Investiga si sus productos o servicios cubren con tus necesidades actuales.

5. Debes conocer qué hace diferente a un proveedor de los demás. La primera impresión es importante, pero es más importante saber cuál es el valor agregado que te ofrece.

6. Recuerda que casi todos ofrecen lo mismo; aprende a encontrar al mejor.

7. Conoce a sus principales clientes, no te quedes solo con la información que él te proporciona.

8. Pregúntale a tu cliente interno qué es lo mínimo indispensable que debe de tener el proveedor que te va a proporcionar el servicio.

Control para el asesor de ventas

- ¿Preparas un guion de preguntas para tu entrevista con el cliente o prospecto?
- ¿Recopilas información de la empresa que vas a visitar antes de acudir a la cita?
- ¿Defines los objetivos de cada cita a la que acudes?
- ¿Recopilas información de la persona que visitas antes de llegar a la entrevista?
- ¿Qué aspectos investigarás de ahora en adelante para incorporarlos a la planeación de tu entrevista?

Control para
el comprador

- ¿Elaboras preguntas para conocer técnicamente el producto o servicio que te va a ofrecer el vendedor?
- ¿Preparas preguntas para conocer si el producto o servicio que requieres cuenta con un valor agregado que sea de utilidad para tus clientes internos?
- ¿Investigas los precios del producto o servicio que necesitas?
- ¿La negociación con tus proveedores está basada en hechos reales que hayas investigado?
- ¿Qué te hace falta conocer de tu negocio para hacer mejores compras?

Claves del capítulo

- La preparación, ya sea para una entrevista o para otra actividad, cualquiera que sea, es la base del éxito.

- En un área tan competida como son las ventas, la improvisación no tiene cabida.

- Los mejores clientes serán de los vendedores mejor preparados.

18

CAPÍTULO

Habilidad para entrevistar y hacer preguntas

Esta habilidad quedó situada en el penúltimo lugar de importancia por los profesionales de compras entrevistados. Probablemente la han situado en este lugar debido a que en muchas ocasiones el cliente ya sabe lo que necesita, y lo que quiere es obtenerlo con rapidez.

Hacer entrevistas acertadas es fundamental en el proceso de ventas. Las buenas preguntas hacen pensar y reflexionar. Si tú realizas las preguntas adecuadas obtendrás las respuestas que necesitas. Una buena pregunta permite saber con certeza qué es lo que necesita el cliente y, de este modo, adaptar tu producto o servicio a sus necesidades específicas.

Las preguntas nos permiten no especular y empezar a corroborar información. La ventaja de preguntar es que logramos que, cuando nuestros clientes elaboran sus respuestas, se queden sin dudas. Como mencioné, es sumamente importante realizar las preguntas adecuadas, pero es más importante saber en qué momento aplicarlas. Las preguntas para elaborar se dividen en dos clases: abiertas y cerradas.

Las preguntas abiertas están diseñadas para obtener información y permitir que los clientes se explayen en su explicación. Ayudan a abrir horizontes en la conversación y suelen ser de gran utilidad. Por ejemplo: ¿Qué? ¿Cómo? ¿Dónde? ¿Cuándo? ¿Cuál? Al efectuarse este tipo de preguntas, solo cabe esperar respuestas largas que nos permitirán determinar claramente lo que quieren y piensan.

Este tipo de preguntas están orientadas a "romper el hielo" en los preliminares de cualquier conversación, a recabar información que nos ayude a comprender mejor los deseos de los clientes, o provocar el ambiente propicio de intercambio de conocimientos. Las preguntas abiertas son la columna vertebral de todo proceso de venta.

Por su parte, las preguntas cerradas son preguntas que pueden ser respondidas con un "sí" o un "no". Sirven para reformular las necesidades del cliente y evitar malas interpretaciones.

Siempre que no estés seguro de algo, formula preguntas cerradas que te permitan concluir si está habiendo entendimiento. Las preguntas cerradas son fundamentales al momento de cerrar la venta para confirmar, despejar objeciones y centrar el objetivo de la presentación.

Por lo tanto, una vez obtenida la información, es importante "reformular" con una pregunta. Es decir, confirmar al cliente sus preocupaciones o necesidades. Por ejemplo: "Por lo que me comenta, parece ser que su principal interés es que el producto se entregue de manera inmediata, ¿es así?".

La reformulación también se puede aplicar resumiendo lo que acaba de decir el cliente para asegurarnos de que hemos comprendido correctamente su mensaje. Mientras más sean las preguntas, mejor habremos comprendido las necesidades del cliente.

Los beneficios de la reformulación son:

- Prueba la escucha y comprensión del mensaje
- Es bien recibida por el cliente
- No es agresiva y no bloquea el diálogo
- No aprueba ni desaprueba lo que se dice
- Mejora la comunicación
- Enfatiza el interés por el otro

En los zapatos
del asesor de ventas

El objetivo principal de hacer preguntas es conocer las necesidades del cliente, así como detectar las fortalezas y áreas de oportunidad que te permitan generar estrategias para argumentar tu venta.

A través de las preguntas adecuadas puedes descubrir las necesidades de tu cliente: las que tiene de manera consciente y, lo más importante, las que tiene de forma inconsciente. Debes hacer preguntas abiertas para saber qué necesita y cómo lo necesita. Y preguntas cerradas para reformular las necesidades del cliente y confirmar información.

No necesitas una lista de beneficios, sino hacer las preguntas pertinentes para determinar si esos beneficios en realidad son valiosos para tu cliente.

Juzga cada pregunta conforme a estas tres reglas:

- Una buena pregunta de ventas no intimida al cliente ni lo sitúa en una situación incómoda.
- Una buena pregunta de ventas pone al cliente a pensar en la forma en que tú quieres.
- Una buena pregunta de ventas recaba información proporcional a la relación establecida.

Recomendaciones para el asesor de ventas

1. Define el propósito de tu entrevista y busca que las preguntas que realices vayan enfocadas a lograrlo.

2. Escribe todas las preguntas que vas a utilizar durante la entrevista, eso te dará seguridad y te hará ver más profesional.

3. Recuerda que en ventas la improvisación no vende. Toma en cuenta los tipos de preguntas, ya sean abiertas o cerradas, y el efecto que producirán.

4. Realiza una lista de las preguntas que crees que el cliente te puede hacer, y lleva preparadas las respuestas.

5. Desarrolla una secuencia eficaz: empieza de la parte más superficial o general hasta lo más específico, con preguntas concretas.

6. Practica varias veces hasta que hayas memorizado las preguntas.

7. Evita hacer preguntas que no llevan a ningún lado y

solo obligan al prospecto a pensar más, en vez de eso, haz preguntas que lo involucren emocionalmente.

8. Haz una sola pregunta a la vez y no preguntes otra cosa hasta que te la hayan respondido.

9. No hagas que se sienta como un interrogatorio.

En los zapatos del comprador

Prepara bien las preguntas que necesitarás responder, no para impresionar a tu contraparte, sino para ganar tiempo en lo que requieres comprar.

Muéstrate como un verdadero conocedor del tema. Si no eres experto, solicita que tu cliente interno te apoye con una descripción por escrito de todas las especificaciones que se requieren, para que el vendedor cotice exactamente lo que necesitas. Recuerda que, por seguridad, más vale tener todo por escrito y así evitar confusiones. Te invito a que, cuando participes en una mesa de negociación, vayas lo más preparado posible para la entrevista. Procura que el vendedor note que tienes un sistema de preguntas previamente formuladas. Eso lo llevará al límite del cumplimiento, porque sabrá que está frente a un conocedor y tendrá que ponerse al mismo nivel.

Recomendaciones para el comprador

1. Realiza preguntas que te permitan conocer realmente el desempeño de tu proveedor con hechos, datos y estadísticas.

2. Pregunta qué resultados ha obtenido el vendedor con sus otros clientes y cuál fue la satisfacción de estos.

3. Conoce las dificultades que ha tenido el vendedor y cómo las ha resuelto.

4. Asegúrate de que tus necesidades fueron comprendidas, y de que los productos o servicios que te ofrecen pueden ayudarte.

5. Haz las preguntas adecuadas que te lleven a conocer más de lo que te presentan.

6. Realiza todas las preguntas necesarias para que no te quedes con ninguna duda.

Quiero hacer énfasis en la importancia de preparar una lista de posibles preguntas antes de asistir a una entrevista.

En una ocasión, me presenté con un cliente que había investigado sobre nuestra empresa. Así que, cuando iniciamos la entrevista, no me dejó presentarle nuestros productos y servicios, porque comenzó a preguntar por cuestiones específicas.

Si yo no hubiera preparado las posibles preguntas del prospecto, no habría tenido capacidad de responderle en ese momento. Al terminar la entrevista, el prospecto quedó muy satisfecho porque le despejé todas sus dudas y se dio cuenta de la experiencia que me respaldaba, así que no dudó en pedirme una propuesta que terminó en un cierre de venta.

Control para
el asesor de ventas

- ¿Elaboras preguntas para conocer mejor a tu cliente?
- ¿Ocupas la reformulación para validar la información que te proporcionó tu cliente sobre sus necesidades?
- ¿Haces preguntas cuando la información no te quedó clara?
- ¿Sigues el ritmo de la entrevista formulando las preguntas adecuadas a tu cliente o prospecto?
- ¿Qué preguntas te ayudan a confirmar si tu prospecto es un candidato para comprar el producto o servicio que ofreces?

Control para
el comprador

- ¿Preguntas a tus proveedores sobre sus experiencias con otros clientes?
- ¿Elaboras preguntas para conocer las fortalezas y áreas de oportunidad de tus proveedores?

- ¿Haces preguntas para confirmar los acuerdos a los que llegaste con tu asesor de compras?
- ¿Preguntas a tus clientes internos las expectativas sobre el producto o servicio que vas a comprar?
- ¿Qué preguntas harías a tus proveedores para conocer más sobre las empresas con las que han trabajado?

Claves del capítulo

- La única forma comprobada de obtener información es a través de las preguntas pertinentes.

- Preguntar por preguntar puede llevar a un túnel sin salida y jugar en nuestra contra.

- Saber hacer las preguntas adecuadas nos permite obtener información muy valiosa e influir en el pensamiento de otras personas.

19

CAPÍTULO

Atención personalizada

Para las personas entrevistadas, esta habilidad ocupa el último lugar de importancia. Considero que la votaron así porque es una habilidad relacionada al cierre de la venta y, antes de llegar a esa etapa, hay muchos pasos del proceso que se deben priorizar.

Las empresas de mayor éxito en el mundo basan su estrategia en la atención personalizada hacia el cliente, y creo que debemos impulsar esto e incorporarlo como un estilo de vida en nuestras empresas. No solo en la negociación con clientes o proveedores, sino con todas las personas que nos rodean. Mucho más cuando tratamos con clientes internos.

Independientemente de que el vendedor profesional esté obligado a conocer a fondo a sus clientes para brindar mejores alternativas para el negocio, la forma en la que nos relacionamos es muy importante para hacer pactos. Estos pactos no tienen que quedar por escrito, son de palabra y, sobre todo, de confianza, gracias al buen trato y a la atención personalizada.

La atención personalizada no solo consiste en conocer el nombre, puesto y los datos básicos de las personas, sino en involucrarse en los procesos y necesidades de la organización. Además, sirve para conocer las necesidades de los clientes, ya sean internos o externos, y buscar que las intenciones se transformen en acciones específicas.

Dentro de las interacciones cotidianas, solemos decir algunas frases que, en un contexto de ventas, nos pueden hacer lucir poco profesionales, por ejemplo:

- Nos llamamos
- Te busco en la semana
- Te lo mando en un correo
- Estamos en contacto

Estas frases y otras similares pueden llegar a interpretarse como desinterés o falta de formalidad. Lo ideal para mantener una buena atención personalizada es siempre agendar nuestras citas con fecha y hora y, de preferencia, confirmarlas después.

En los zapatos del asesor de ventas

Tu papel como profesional de ventas es ofrecer atención personalizada a cada uno de tus clientes o prospectos. Es decir, siempre estar presente y responder lo más rápido posible a sus solicitudes y necesidades. Recuerda que el vendedor que esté más rápido frente al cliente y que logre estar presente cuándo él lo necesita, es el que tendrá más oportunidad de quedarse con el negocio y con el dinero. Atención personalizada quiere decir dar seguimiento a todos los acuerdos con los que argumentamos la venta. No solo es ser una persona amable, de buen carácter, atenta, amena divertida, alegre y cortés, el trato personalizado también es:

- Cumplir lo que ofreciste en el proceso de ventas
- Si acordaste enviar algún documento, hacerlo en tiempo y forma
- Si quedaste de entregar alguna muestra, verificar que llegue
- Si quedaste de revisar el descuento o la promoción, que se revise
- Si quedaste de hacer alguna llamada por teléfono, que se haga

Recomendaciones para el asesor en ventas

1. Distingue a tus clientes, no los trates a todos por igual.

2. Identifica las características de tu cliente para que puedas segmentarlo más fácilmente.

3. Investiga quién es tu cliente, qué hace, cuáles son sus gustos y aficiones.

4. Si es posible, haz un registro formal de información, ya sea una agenda o un CRM.

5. Apréndete el nombre de todos tus clientes o prospectos y de los miembros de su equipo.

6. Personaliza todo el material que entregues: nombre, fecha, cargo y profesión.

7. Evita entregar documentos generalizados, por ejemplo: "A quien corresponda".

En los zapatos del comprador

Como comprador, debes tomar en cuenta que tu asesor te escuche, identifique tus verdaderas necesidades, y que realmente te asesore y se involucre en tu negocio para ofrecerte los productos o servicios que harán más rentable tu organización.

Recuerda lo que he mencionado en otros capítulos: en muchos casos tú eres un puente de conexión entre los clientes internos de la empresa y los externos.

Si los clientes internos evaluaran tu capacidad de cuidar el trato personalizado, ¿cómo crees que te calificarían?

Recomendaciones para el comprador

1. Verifica que lo que te ofrecen los vendedores sea lo que realmente necesitas.

2. Cuida la información que proporcionas y a quién se la proporcionas, principalmente la personal.

3. Permanece atento al uso que le da el asesor de ventas

a tus datos: si los utiliza para apoyarte o únicamente para su beneficio.

4. No aceptes que los vendedores no te conozcan si ya has trabajado en diferentes ocasiones con ellos.

5. Conoce a tus clientes internos: llámales por su nombre, ubica sus lugares de trabajo, conoce sus funciones y personaliza el trato hacia ellos.

6. Siempre atiende los correos electrónicos o llamadas de tus clientes internos cuando solicitan tu apoyo.

7. Informa a tus clientes internos sobre las diferentes opciones de compra con las que cuentas para los productos o servicios que ellos requieren.

8. Cuida el trato con tus compañeros de trabajo, recuerda que todos son un mismo equipo y que la competencia es hacia afuera, no hacia adentro.

Hace tiempo me entrevisté con el director de ventas de una compañía. Era la primera vez que visitaba sus oficinas. Desde antes de la entrevista, yo ya estaba enterado de algunos datos, como el nombre completo del director, su antigüedad laboral, cómo se conformaba su equipo de ventas y cómo iban las ventas a ese día.

Toda esta información me la había proporcionado su asistente, a quien ya conocía. Ella era mi aliada y la que me había conseguido la entrevista con el director. Cuando llegué a la cita, me atendió directamente él. Lo saludé por su nombre, le comenté sobre su equipo de ventas, los años que él había hecho crecer a ese equipo y lo que yo sabía de su organización, y quedó gratamente sorprendido. Después de cinco reuniones más con él y su equipo, pude cerrar la venta.

Control para el asesor de ventas

- ¿Tratas diferente a cada uno de tus clientes?
- ¿Personalizas las propuestas que llevas a tus prospectos o clientes?
- ¿Registras la información personal de tus clientes para sorprenderlos cada vez que los visites?
- ¿Segmentas tu cartera de clientes de acuerdo con su importancia?

- ¿Qué acciones llevarás a cabo para tener un trato más personalizado con cada uno de tus clientes?

Control para el comprador

- ¿La información que le proporcionas al vendedor te ayuda a que te asesoren mejor?
- ¿Cuidas la información que proporcionas a tus proveedores?
- ¿Conoces bien a tus clientes internos?
- ¿Tienes un trato diferente con cada uno de tus clientes internos?
- ¿Qué acciones llevarás a cabo para conocer mejor a tus clientes internos?

Claves del capítulo

- El verdadero valor de un excelente negociador es saber calibrar a su interlocutor.

- Aprende a identificar los botones que necesitas oprimir para detonar una mejor relación y una mejor venta.

20

CAPÍTULO

Identificar el verdadero interés y las necesidades del cliente

Esta habilidad ocupa el segundo lugar de importancia, según los expertos entrevistados. Considero que le asignaron un lugar tan importante debido a la enorme urgencia que hay en el mundo de las ventas de encontrar asesores que sepan escuchar lo que los clientes necesitan. Y, de esta manera, recibir una verdadera orientación.

Un vendedor profesional debe tener la capacidad de identificar los verdaderos intereses y necesidades del cliente a través de una metodología llamada venta consultiva.

Esta metodología es la más adecuada para comercializar productos o servicios intangibles, difíciles de describir, con ciclos de venta prolongados o de alto valor.

Es aquí donde el comprador y el asesor trabajan juntos. El asesor debe ser capaz de identificar los verdaderos intereses del cliente a través de una consultoría especializada sobre su negocio.

A través del trabajo que realiza el asesor de ventas, deja de ser un proveedor y se convierte en un socio estratégico. La habilidad de identificar los verdaderos intereses del cliente requiere del entendimiento del negocio. También de saber definir de qué manera los productos y servicios que se ofrecen agregan valor a este.

Ahora, me gustaría que reflexionaras cuántas veces, por no haber sabido identificar lo que el cliente necesitaba, perdiste la oportunidad de seguir adelante con las entrevistas de trabajo.

En los zapatos del asesor de ventas

Es muy importante que el asesor tenga en cuenta que el proceso de ventas deberá estar enfocado a investigar los intereses reales de sus clientes y a cubrir sus necesidades.

La confianza del cliente se gana en automático cuando este siente un verdadero compromiso del asesor. Una relación de confianza le permitirá al cliente externar más sus verdaderos intereses y necesidades.

Un factor clave que debes considerar al realizar la entrevista directa con el cliente es aprender a identificar sus emociones. Para ello, pon especial atención en sus reacciones: cómo gesticula, cuál es su postura corporal, qué tono de voz utiliza, hacia dónde mira cuando habla, etc. Aprende a escuchar a tu cliente con todo el cuerpo, no solo con los oídos, para estar en condiciones de identificar su verdadero interés y sus necesidades.

Recomendaciones para el asesor en ventas

1. Crea perfiles o segmentos de tus productos que se enfoquen en necesidades específicas.

2. Realiza las siguientes preguntas: ¿Qué necesita? ¿Por qué? ¿Cómo lo necesita? ¿Cuándo? ¿Por qué no necesita otra cosa?

3. Plantea preguntas cerradas (dirigidas a obtener como respuesta un "sí" o un "no") para evitar interpretaciones erróneas.

4. Escucha activamente a tus clientes, con tus cinco sentidos, y procura estar alerta en todo momento.

5. Compórtate como un experto en tu producto.

6. Aclara todas las dudas que el cliente tenga, de manera detallada y específica.

7. Interésate por el cliente como persona e involúcrate en su negocio para comprender mejor sus verdaderos intereses.

8. Identifica cuáles son los resultados que el cliente espera que le brindes con tu asesoría.

9. Analiza las opciones que le puedes proporcionar al cliente para cubrir sus necesidades.

10. Si no comprendes bien las necesidades del cliente, no dudes en preguntar nuevamente.

En los zapatos del comprador

Como comprador, debes tomar en cuenta que tus clientes internos tienen diferentes necesidades e intereses específicos en tu empresa. Antes de adquirir cualquier producto o servicio, debes conocer realmente lo que tus clientes internos requieren, para qué y cómo lo requieren.

Te invito a ser un entrevistador profesional y un gran aliado del negocio, para que sumes a la estrategia de la empresa. Logra identificar mejores oportunidades de compra para la optimización de recursos en tu organización.

Recomendaciones al comprador

1. Verifica que los productos o servicios que te ofrecen sean los que necesitas.

2. Comprueba que tus compras se ajusten a las necesidades de tu cliente interno.

3. Sé cauteloso con la información que proporcionas y a quién se la proporcionas.

4. Pon atención en la forma en que el asesor de ventas usa la información que le proporcionaste.

5. Acércate y pregunta constantemente a tus clientes internos sobre el uso que darán a los productos y servicios que necesitan comprar.

6. Asegúrate de que a tu asesor de ventas le queden claras tus necesidades.

7. Involucra a tus clientes internos en tus decisiones de compra, infórmalos y asesóralos.

8. Crea una serie de preguntas que te permitan conocer las necesidades específicas de tus clientes internos.

Control para el asesor de ventas

- ¿En tus citas te comportas como un experto de tu producto?
- ¿Te interesas en tus clientes como personas?

- ¿Indagas sobre las expectativas que tiene el cliente de tu servicio o producto?
- ¿Conoces con exactitud el mercado al que debes dirigir tu producto o servicio?
- ¿Qué factores evaluarás para saber a qué clientes debes prospectar de acuerdo con el producto o servicio que ofreces?

Control para del comprador

- ¿Eliges lo mejor para la empresa sin importar el precio?
- ¿Preguntas a tus clientes internos para qué necesitan el producto o servicio que te solicitaron?
- ¿Identificas cuando un vendedor está interesado en solucionar tus problemas y no solo en venderte?
- ¿Correspondes a las acciones de los verdaderos asesores que te visitan?
- ¿Qué acciones llevarás a cabo para mostrar mayor empatía con las necesidades de tus clientes internos?

Claves del capítulo

- Si logramos ser mejores entrevistadores, podremos entregar lo que el cliente quiere y, también, descubrir nuevas necesidades.

- Cuando logramos identificar necesidades que el cliente no tenía contempladas, nos convertimos en su mejor opción para cubrirlas.

- Es fundamental aprender a leer e identificar las emociones del cliente, esta es la llave para descubrir sus necesidades.

ANEXO

Metodología de las entrevistas y resultados

Nuestra investigación se realizó a través de entrevistas a 277 especialistas que colaboran en grandes empresas en las áreas de compras y ventas. El principal objetivo fue conocer su opinión y percepción sobre las habilidades que consideran más importantes en un profesional de ventas durante el proceso de compra-venta.

Cada entrevista se conformó de esta manera: primero se enlistaron veinte habilidades para que las personas entrevistadas evaluaran cada habilidad como poco importante, importante y muy importante. En una segunda parte, se enlistaron las mismas habilidades, pero esta vez los entrevistados ponderaron cada habilidad en un rango del uno al diez, siendo 1 = poco importante y 10 = muy importante.

El propósito de estas dos fases fue descubrir diferencias relevantes en las respuestas de los entrevistados cuando se les proporcionaba un rango mayor de respuesta. Los resultados mostraron que la opinión de las personas no cambiaba significativamente al aumentar el rango de respuesta. Ponderando los resultados, encontramos que las habilidades fueron evaluadas, según su carácter de importancia, de la siguiente manera.

Habilidades de fondo

1. Conocimiento del producto.
2. Mayor interés en asesorar que en vender.
3. Habilidad para persuadir, influir y/o motivar a la compra.
4. Planeación de la venta.
5. Conocimiento de la empresa o persona que visita.
6. Servicio post-compra y capacidad para interesarse francamente en el otro (estas dos habilidades obtuvieron el mismo nivel de importancia).
7. Capacidad para resolver problemas.
8. Capacidad para mantener al margen los problemas personales.
9. Capacidad para investigar y conocer lo que compra la competencia.

Habilidades de forma

1. Actitud.
2. Habilidad para identificar el verdadero interés y necesidades del cliente.
3. Formalidad y puntualidad.
4. Imagen que proyecta.
5. Capacidad de saber escuchar.
6. Facilidad para comunicarse.
7. Trato respetuoso y profesional y preparación para las entrevistas (las dos habilidades obtuvieron el mismo nivel).
8. Habilidad para entrevistar y hacer preguntas adecuadas y atención personalizada (las dos habilidades obtuvieron el mismo nivel).

En una tercera fase de las entrevistas, realizamos dos preguntas abiertas. La primera estaba enfocada en conocer las habilidades que los especialistas consideran más importantes en el proceso de una compra. En la segunda, quisimos conocer las razones por las que se rompe o termina una relación comercial.

Las respuestas obtenidas fueron englobadas en cuatro rangos principales: habilidades técnicas, habilidades humanísticas, habilidades comerciales y características del producto o servicio.

Los resultados de estas entrevistas se encuentran desarrollados en cada capítulo del libro, pues la información obtenida permite reflexionar sobre lo que hoy en día se espera de un Asesor Consultor de Ventas, así como de un profesional de compras.

Habilidades de Forma	10° lugar	9° lugar	8° lugar	7° lugar	6° lugar	5° lugar	4° lugar	3° lugar	2° lugar	1° lugar
Imagen que proyecta	6 %	3 %	2 %	3 %	8 %	13 %	11 %	11 %	22 %	21 %
Actitud	4 %	0 %	4 %	8 %	2 %	4 %	8 %	15 %	8 %	45 %
Facilidad para comunicarse	0 %	7 %	7 %	11 %	7 %	17 %	10 %	21 %	9 %	11 %
Capacidad de saber escuchar	2 %	7 %	7 %	0 %	13 %	7 %	17 %	13 %	15 %	19 %
Trato respetuoso y profesional	12 %	12 %	12 %	12 %	10 %	13 %	6 %	4 %	4 %	15 %
Formalidad y puntualidad	2 %	9 %	9 %	15 %	13 %	13 %	8 %	2 %	2 %	27 %
Preparación para las entrevistas	12 %	19 %	9 %	9 %	12 %	5 %	2 %	13 %	4 %	15 %
Habilidad para entrevistar y hacer preguntas adecuadas	8 %	18 %	9 %	13 %	8 %	0 %	11 %	9 %	11 %	13 %
Atención personalizada	27 %	13 %	9 %	9 %	2 %	9 %	0 %	11 %	9 %	11 %
Habilidad para identificar el verdadero interés y necesidades del cliente	2 %	2 %	9 %	0 %	9 %	6 %	6 %	9 %	21 %	36 %

Habilidades de Fondo	10° lugar	9° lugar	8° lugar	7° lugar	6° lugar	5° lugar	4° lugar	3° lugar	2° lugar	1° lugar
Conocimiento del producto o servicio	6 %	4 %	4 %	2 %	2 %	1%	4 %	13 %	11 %	53 %
Conocimiento de la persona o empresa que visita	3 %	3 %	8 %	8 %	3 %	6 %	23 %	13 %	19 %	9 %
Mayor interés en asesorar que en vender	6 %	3 %	9 %	6 %	13 %	6 %	8 %	15 %	11 %	23 %
Capacidad para resolver problemas	3 %	5 %	9 %	8 %	13 %	15 %	13 %	15 %	11 %	8 %
Capacidad para investigar y conocer lo que compra la competencia	4 %	11 %	13 %	15 %	15 %	9 %	10 %	11 %	8 %	4 %
Capacidad para interesarse francamente en el otro	9 %	15 %	11 %	7 %	7 %	11 %	8 %	9 %	10 %	13 %
Habilidad para persuadir, influir y/o motivar a la compra	2 %	7 %	7 %	3 %	11 %	9 %	10 %	11 %	25 %	15 %
Capacidad para evitar involucrar problemas personales	38 %	13 %	8 %	4 %	6 %	6 %	4 %	6 %	4 %	11 %
Planeación de la venta	2 %	10 %	6 %	15 %	8 %	8 %	13 %	9 %	10 %	19 %
Servicio post-compra	15 %	15 %	17 %	11 %	4 %	11 %	2 %	3 %	9 %	13 %

¿Cuáles son las habilidades que usted considera de mayor importancia en el proceso de una compra?

Habilidades comerciales	159	65 %
Habilidades humanísticas	77	31 %
Habilidades técnicas	0	0 %
Características del producto o servicio	10	4 %

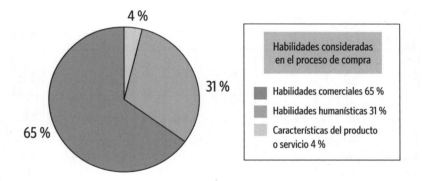

¿Cuáles son las razones, además del precio, por las que usted considera que un comprador prescinde de los servicios de un vendedor?

Falta de habilidades comerciales	116	46 %
Falta de habilidades humanísticas	104	41 %
Falta de habilidades técnicas	0	0 %
Características poco satisfactorias del producto o servicio	32	13 %

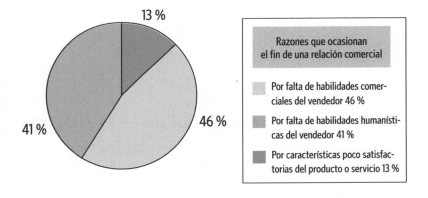

Razones que ocasionan
el fin de una relación comercial

Por falta de habilidades comerciales del vendedor 46 %

Por falta de habilidades humanísticas del vendedor 41 %

Por características poco satisfactorias del producto o servicio 13 %

Palabras para llevar contigo

Para tener éxito en esta profesión nunca debes olvidar estas palabras y sus definiciones. No solo te servirán para entender mejor el mundo de las ventas, también se convertirán en herramientas para desarrollar estrategias más profesionales y efectivas.

Actitud: La disposición mental y de ánimo con la que se enfrenta cualquier situación, sea positiva o negativa.

Aliado comercial: Aquel cliente o proveedor con quien se logra trabajar en equipo para el beneficio de ambas partes y su crecimiento conjunto.

Asesor Consultor de Compra (ACC): Profesional que utiliza sus mejores habilidades y talentos para asesorar lo que mejor le conviene comprar o invertir al cliente.

Asesor Consultor de Venta (ACV): Profesional dedicado a las ventas que, a través de consultas estratégicas, logra asesorar al cliente y, después, llevar a cabo un proceso de ventas efectivo.

Branding personal: La forma en que proyectas tu imagen en las ventas para generar un sello personal que se convierta en un diferenciador del resto de los vendedores.

Cliente: Aquel a quien satisfacemos y le creamos necesidades. Para poder llamar a una persona cliente debe habernos comprado en más de tres ocasiones.

Coaching: El conjunto de estrategias para llevar a otra persona hasta donde ella no sabía que podía llegar.

Coaching comercial: Proceso que funciona mediante la realización de preguntas dirigidas al prospecto o cliente con el fin de encontrar mejores acuerdos comerciales para ambas partes.

Cobranza: Es el acto de recibir una cantidad pactada previamente por un bien o servicio. No podemos decir que hemos vendido, si no hemos cobrado aún.

Eficacia: Se refiere a la habilidad para lograr los objetivos planteados.

Eficiencia: Capacidad de disponer de alguien o de algo para conseguir un efecto determinado.

Emoción: Es el elemento interno que detona el deseo y la acción de cerrar una venta. Las emociones son impulsos que llevan al cliente a desear nuestro producto y son capaces de estimular sus necesidades. Algunas veces se trata de necesidades muy básicas y, en otras ocasiones, más complejas o aspiracionales.

Habilidad: Es una capacidad o destreza que, mientras más practiquemos, mejor seremos capaces de desempeñar.

Habilidad comercial: Es la facilidad para crear relaciones comerciales exitosas. Por ejemplo: la negociación, la prospección, la creación de necesidades, etc., son habilidades comerciales.

Habilidad conceptual: Incorpora a las demás habilidades para la comprensión de las relaciones entre distintos elementos, permite elaborar planes estratégicos y facilita la visión integral de las situaciones.

Habilidad humanística: Se refiere a la capacidad de crear relaciones interpersonales efectivas.

Habilidad técnica: Capacidad de desarrollar o desempeñar alguna actividad tomando como base el conocimiento y dominio de sus procesos y características.

Negociación: En nuestro campo, la negociación es un proceso mediante el cual los involucrados buscan obtener un acuerdo que les brinde un mayor beneficio durante el proceso de la compra-venta. Hay una serie de elementos que se deben analizar en cualquier negociación, desde los involucrados, comprador y vendedor, hasta el medio, el mercado y la situación social. Los involucrados tienen coincidencias y diferencias que deberán empatar para lograr una negociación exitosa. Y cada uno posee una zona de negociación con intereses fundamentales, además de límites, fuera de los cuales abandonará la negociación u optará por la confrontación. En el terreno práctico, comprender y hacer comprender lo que es negociable y lo que no es un aspecto clave para alcanzar acuerdos.

Planeación estratégica: Es la administración, manejo y previsión de nuestro trabajo. La planeación es la forma en la que nos adelantamos para generar nuestro mejor papel al tener un plan de trabajo que ayude a lograr mejores resultados y mayor rentabilidad.

Prospección: Encontrar nuevos candidatos para calibrar si pueden ser los clientes que necesitas.

Prosumidor: Esta palabra, también conocida como *prosumer* en inglés, es un acrónimo formado por la fusión original de las palabras en inglés: *producer* (productor) y *consumer* (consumidor). También se le asocia a la fusión de las palabras en inglés: *professional* (profesional) y *consumer* (consumidor).

Referido: Es el nombre, número telefónico o cualquier tipo de contacto de alguien más que pueda comprar lo que tu cliente recientemente adquirió.

Rentabilidad: Las ganancias netas de tu gestión de ventas.

Resultados: Es el reflejo de tus acciones como asesor de ventas, pueden ser positivos o negativos.

Servicio: Es el gran diferenciador de las empresas. Es la forma en la que tratamos al cliente. La gente puede olvidarse de lo que te compró exactamente o del precio, inclusive de las ventajas del producto, pero nunca olvidará lo que le hiciste sentir al atenderla.

Venta: Es el proceso comercial mediante el cual se satisfacen y crean nuevas necesidades a los clientes, por medio de la consulta, la asesoría y la sugerencia dirigida.

Venta cruzada: Consiste en ofrecer productos o servicios que le generen una solución más completa al cliente, tomando como base la información que podemos detectar en las entrevistas.

Epílogo

Querido lector, has llegado al final del libro, pero apenas al principio de una nueva forma de hacer negocios y de relacionarte con los demás, dentro y fuera de tu ámbito laboral.

Estoy seguro de que, durante el tiempo de tu lectura, has podido reflexionar sobre las habilidades que dominas en el arte de la negociación, además de las áreas de oportunidad que no conocías y en las que ahora puedes enfocarte en mejorar.

Sin embargo, aunque hayas comprendido todos los contenidos y hayas respondido todos los controles con la mejor disposición, tu verdadero reto está por presentarse.

Ahora que conoces las habilidades más importantes que debe tener un negociador, según los mismos clientes, está en tus manos decidir hasta dónde quieres llegar.

El éxito, en estos momentos, se encuentra al alcance de tu voluntad. Espero que todo lo aprendido en esta experiencia de lectura se quede contigo y dé pie a una transformación en tu vida profesional que, por supuesto, se vea reflejada en tus negocios y finanzas.

Ha llegado el momento de convertir todos los consejos y recomendaciones en hábitos cotidianos que te acompañarán el resto de tu vida profesional. Para lograrlo, deberás ser constante y no dejar de ponerlos en práctica ni un solo día. Es ahora cuando debes hacer uso de toda la disciplina y capacidad de organización que posees para convertirte en un verdadero asesor de ventas exitoso y de primer nivel.

A partir de ahora, *Qué compran los que tienen dinero* se convertirá en una guía de negocios a la cual puedes recurrir todas las veces que lo necesites. Cada vez que te enfrentes a un reto profesional y no sepas cómo actuar, vuelve a sus páginas, donde encontrarás la orientación que te hacían falta.

Vuelve también a los apuntes, ejercicios y compromisos que hiciste durante la lectura. Te permitirán evaluar tu avance y lo que aún te hace falta reforzar.

Mi misión de poner a tu alcance los mejores consejos y estrategias de negociación llega hasta aquí. Te invito a que confíes siempre en tus capacidades y te comprometas con tu prosperidad. Lo demás, ya lo tienes.

¡Tu opinión es importante!

Escríbenos un e-mail a **miopinion@vreditoras.com**
con el título de este libro en el "Asunto".

Conócenos mejor en:

www.vreditoras.com

 vreditorasmexico

 VReditoras